VIDAS CON LEGADO

IMBATIBLE

La vida de
Louis Zamperini

VIDAS CON LEGADO

IMBATIBLE

La vida de
Louis Zamperini

JANET & GEOFF BENGE

EDITORIAL JUCUM

P.O. BOX 1138 TYLER, TX 75710-1138

Editorial JUCUM forma parte de Juventud Con Una Misión, una organización de carácter internacional.

Si desea un catálogo gratuito de nuestros libros y otros productos, solicítelos por escrito o por teléfono a:

Editorial JUCUM
P.O. Box 1138, Tyler, TX 75710-1138 U.S.A.
Correo electrónico: info@editorialjucum.com
Teléfono: (903) 882-4725
www.editorialjucum.com

Imbatible: La vida de Louis Zamperini
Copyright © 2015 por Editorial JUCUM
Versión española: Iñaki Colera
Edición: Miguel Peñaloza

Publicado originalmente en inglés con el título de:
Louis Zamperini: Redemption
Copyright © 2014 por Janet y Geoff Benge
Publicado por Emerald Books
P.O. Box 635 Lynnwood, WA 98046

ISBN 978-1-57658-809-3

Impreso en los Estados Unidos

VIDAS CON LEGADO

De esclavo a científico
La vida de George Washington Carver

Libertad y justicia para todos
La vida de William Penn

Huída hacia la libertad
La vida de Harriet Tubman

El empresario de los pobres
La vida de David Bussau

Imbatible
La vida de Louis Zamperini

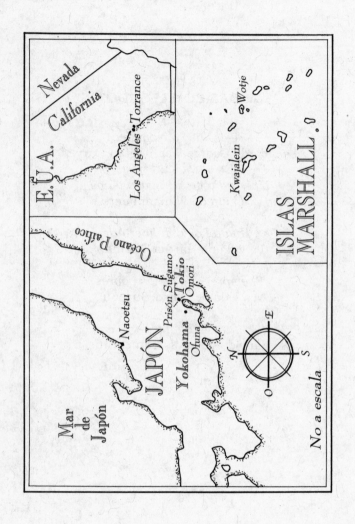

Índice

Capítulo 1

¿Así es cómo acaba todo?

Louie Zamperini se encontraba en la parte posterior de la cabina charlando con el piloto, Allen Phillips (Phil), mientras este pilotaba el B-24 Liberator que volaba a poca altura sobre el Pacífico. Intentaban localizar un bombardero que había salido el día anterior de Oahu, Hawái, en dirección a Australia y del que no se habían vuelto a recibir noticias. Al tiempo que hablaban, Louie y Phil iban escudriñando el océano, pero sin ver ningún rastro del avión desaparecido. De repente, Louie sintió una sacudida, miró hacia su izquierda y vio cómo el motor número 1, situado al extremo del ala, chisporroteaba, temblaba y se detenía. Inmediatamente, el bombardero empezó a inclinarse hacia la izquierda y perder altitud.

Louie permaneció en pie, detrás de Phil y del copiloto, Charleton Cuppernell, mientras estos se hacían cargo de la situación. Tenían que orientar las

aspas de la hélice del motor atascado hacia la dirección de la marcha, girándolas hacia el flujo de aire
para reducir la resistencia. Aunque aquella tarea
le correspondía al copiloto, Phil y Charleton habían
intercambiado el sitio durante el trayecto para que
éste pudiera reunir horas de vuelo en el asiento del
capitán. Ahora que se enfrentaban a una emergencia ambos parecían descoordinados.

Phil llamó a gritos al ingeniero de vuelo para
que viniese a orientar las aspas de la hélice. Louie
se hizo a un lado y el ingeniero, un novato, entró corriendo, se reclinó sobre la consola de instrumentos,
levantó una cubierta de plástico que resguardaba
cuatro botones y presionó uno de ellos. Un instante después se dio cuenta de que el ingeniero había
apretado el botón equivocado. Giró la cabeza y vio
como el motor número 2 del ala izquierda dejaba de
funcionar. Los dos motores izquierdos del bombardero estaban ahora apagados. Aquel avión, que solía
utilizarse solamente en vuelos cortos, apenas estaba
en condiciones de volar con sus cuatro motores a
pleno rendimiento, y no pudo dejar de advertir la
cara de pánico de Phil mientras éste aumentaba la
potencia de los dos motores del ala derecha. Charleton intentó frenéticamente volver a poner en marcha
el motor número 2, y Louie se agarró fuertemente
al mamparo mientras el avión giraba violentamente
hacia su izquierda y empezaba a desplomarse hacia
el mar.

—Prepárense para el impacto —gritó Phil por el
intercomunicador.

Louie se puso rápidamente en movimiento. Cada
uno de los miembros de la tripulación tenía una tarea
específica que realizar en aquellas circunstancias. El

bombardero estaba equipado con dos balsas salvavidas que se eyectaban e inflaban automáticamente
tras un accidente. En el compartimento de las bombas había una tercera balsa y su tarea consistía en
recuperarla, por lo que agarró la balsa salvavidas
adicional, la liberó de su alojamiento y corrió con
ella hacia la ventanilla central de la parte derecha
del fuselaje, soltándola sobre el suelo, junto al soporte de la ametralladora. Tras echar un último vistazo por la ventanilla al cielo, inclinó la cabeza sobre
el pecho y se colocó por encima la balsa salvavidas
todavía sin inflar.

El bombardero se precipitó silbando contra el
agua y su mundo explotó con un estruendo ensordecedor. Louie vio la luz del día sobre su cabeza, antes
de ser arrojado violentamente hacia delante, mientras las aguas se lo tragaban. Sintió que tenía unos
cables enrollados alrededor del torso y un instante
después se encontró boca abajo, encajado bajo el
soporte de la ametralladora.

Intentó arrancarse los cables que lo atrapaban
como una tela de araña gigante, pero no conseguía
liberarse. A medida que el fuselaje se iba hundien-
do en dirección al fondo del mar, situado quinientos
metros más abajo, Louie engullía agua salada y se
atragantaba. Necesitaba aire, pero no lo había. Sintió como los pulmones se le llenaban de agua. *¿O
sea que así es cómo acaba todo? Nadie podría sobrevivir a esto*, —pensó.

Se preguntó cuánto tardarían las noticias de su
muerte en llegar a su familia y amigos en Torrance,
California. Durante su niñez, se había metido en un
montón de situaciones apuradas, pero siempre se
las había arreglado para encontrar la forma de salir

de ellas. Por esa razón, la gente del lugar le llamaba
«Louie el suertudo». En aquel momento, parecía ha-
bérsele acabado la suerte. El fuselaje retorcido del
avión continuaba hundiéndose y Louie deseó haberse encontrado de vuelta en Torrance.

Capítulo 2

Un imán para
los problemas

Louie Zamperini volvía un día a casa, cabizbajo, desde la escuela; solo tenía siete años, pero sus ojos escudriñaban afanosos la acera en busca de colillas. Cada vez que veía una, se agachaba rápidamente, la recogía y la metía en una bolsa de papel. Al llegar al cruce principal de Torrance, la pequeña localidad de California donde vivía, prestó especial atención al suelo. Los cruces de las calles eran minas de oro: mucha gente solía detenerse en la esquina a dar una última calada antes de arrojar el cigarrillo a la acera y cruzar la calle. Otro buen lugar donde encontrarlas era en los alrededores del cine, y tampoco olvidó comprobar los dos hoteles de la ciudad. Una vez completado su circuito habitual, se dirigió hacia una hilera de eucaliptos a la que todo el mundo llamaba simplemente «la fila de árboles». Tras ellos había una zanja de drenaje y más allá estaban las vías del ferrocarril.

Caminó hasta el décimo árbol de la izquierda y, de un agujero en el tronco, sacó una pequeña bolsa que contenía un par de tijeras y unas pocas latas de las marcas «Prince Albert Crimp Cut», «Long Burning Pipe» y «Cigarette Tobacco». Estaban vacías y no valían nada, pero una vez rellenas de tabaco podría venderlas por cinco centavos cada una.

Louie se sentó junto a la zanja y sacó la bolsa de papel llena de colillas. Escogió la más larga y se la llevó a los labios, encendiéndola con una cerilla. Aspiró con fuerza el humo y luego lo fue soltando lentamente. Con aquel cigarrillo medio consumido colgándole del labio inferior, empezó a abrir el resto de las colillas, dejando caer el tabaco en la lata de la marca «Prince Albert». Siguió haciéndolo hasta llenarla del todo, y después hizo lo mismo con la siguiente. En una buena tarde podía rellenar dos de ellas y luego vendérselas los sábados a los adolescentes de Torrance a un níquel la lata, la mitad de lo que costaba una nueva. Cuando terminó de llenarlas, volvió a meterlo todo en la bolsa y la escondió en el agujero del árbol, antes de proseguir hacia su casa.

Al cabo de un rato, se encontró con varios chicos mayores de su escuela.

—Miren, por ahí va el espagueti —gritó uno de ellos, dando la vuelta con su bicicleta en dirección a Louie.

Louie se puso tenso. Odiaba que le llamasen espagueti. No estaba seguro de por qué a todo el mundo le encantaba meterse con él. Quizá fuese por su pelo tieso, abundante y negro, o por sus piernas larguiruchas, o quizá por su fuerte acento italiano. Aunque él había nacido en Nueva York, sus padres eran de Italia, y hasta que no empezó a ir al colegio apenas había escuchado alguna palabra en inglés, ya fuera en casa o en el vecindario. En la escuela estaba aprendiendo a leer y escribir en ese idioma, que para él era extraño. Tarea que por momentos le parecía imposible, y que había hecho que tuviese que repetir primero.

—Eh, macarroni, te hablamos a ti —dijo otro chico mientras pasaba rozándole con su bicicleta. Luego pasó otro chico más y le propinó un empujón.

Louie gritó y agitó los brazos, intentando zafarse de los chicos que ya formaban un círculo de bicicletas a su alrededor.

—¡El mejor espectáculo de la ciudad! —dijo en tono de burla uno de ellos.

El comentario le molestó, aunque estaba acostumbrado a que le hostigasen. Ocurría continuamente, tanto en el patio del recreo como al ir y volver del colegio. Los chicos mayores se metían con él con la esperanza de que les insultase en italiano.

Al ver que dos de ellos bajaban de sus bicicletas e iban a por él, Louie forzó su paso entre el círculo y salió pitando de allí. Aunque era entre tres y cuatro años menor que aquellos chicos, sabía que podía escapar de los abusones. A excepción de Pete, su hermano mayor, no conocía a nadie que corriese más rápido que él, así que eso fue lo que hizo, a toda velocidad, hasta llegar a la vía del ferrocarril, avanzando por ella mediante grandes zancadas que coincidían con las traviesas. Tras correr un rato, al ver una pequeña cabaña junto a la vía, se agazapó rápidamente tras ella. Asomándose, miró hacia atrás y no vio a nadie, los chicos se habían marchado. Había corrido más rápido que ellos, ya podía regresar a casa a salvo.

Aún alerta, por si aparecían más problemas, siguió caminando y dejó atrás el almacén de material ferroviario de la Pacific Electrical, la compañía donde trabajaba su padre como operario de una máquina. Había conseguido el puesto cuatro años antes, después de que su familia cruzara todo el país desde Nueva York. Louie conocía perfectamente la razón por la que su familia se había mudado, y a su madre le gustaba repetirla a menudo.

Su padre, Tony; su madre, Louise; su hermano mayor, Pete; y su hermana menor, Silvia, habían vivido junto con él en Olean, Nueva York, hasta poco antes de que naciera su hermana menor, Virginia. Louie no se acordaba de Olean, pero su madre decía que los inviernos allí eran fríos y húmedos. Cuando él y Pete pillaron una pulmonía sus padres preguntaron al médico que debían hacer.

—Estos chicos tienen los pulmones débiles —dijo el médico—. Llévenselos a un clima más saludable. He oído decir que California es calurosa y seca. Allí es donde deberían vivir.

Los hermanos de la madre de Louie, Nick y Louis Dossi, ya vivían allí, concretamente en San Pedro, así que la familia Zamperini decidió unirse a ellos. Como eran pobres su única forma de viajar al oeste era en tren, así que tras ahorrar a duras penas el dinero, compraron los billetes.

Louise Zamperini siempre meneaba la cabeza con desaprobación al contar la siguiente parte de la historia:

—Conduje a los chicos hasta el tren y subimos a él. Ambos estaban junto a mí y yo llevaba las maletas y a la pequeña Sylvia en brazos cuando el vagón empezó a moverse. Entonces miré a mi alrededor y Toots (que era el nombre cariñoso por el que llamaban a Louie los miembros de su familia) ya no estaba con nosotros. Le llamé a gritos, pero había desaparecido. Corrí hacia el maquinista y le dije: «Por favor, tiene que dar marcha atrás. Nos hemos dejado a Toots». El maquinista negó con la cabeza pero yo seguí gritando hasta que por fin tiró de la cuerda. El tren retrocedió por la vía y todo el mundo se asomo por las ventanillas buscándole. Fue Pete quien lo vio caminando junto a la vía de forma totalmente despreocupada. Había recorrido todo el convoy y saltado desde el furgón de cola mientras el tren ganaba velocidad. Descendí del tren y lo tomé en brazos. Entonces me sonrió y me dijo: «*Sapevo che le sarebbe tornare*» (Sabía que volverían por mí).

Al ir haciéndose mayor, Louie empezó a preguntarse si sus padres no se arrepentían en secreto de haber vuelto a buscarlo aquel día. Era como un imán para los problemas. Siempre que pasaba algo malo él estaba de alguna forma implicado.

Con nueve años, las madres de sus amigos no querían que estos jugasen con él después de la escuela. Decían que era demasiado obstinado, irascible y listo. Y lo de «listo» no era ningún elogio, sino una referencia a su habilidad para manejarse en las calles.

Louie solía reunirse con una pandilla de vándalos, de la que era el líder. Le llamaban «el cerebro», porque le encantaba imaginar formas de molestar a la gente. Empezó con pequeñas cosas, por ejemplo, en cierta ocasión fue el único chico de la clase al que no invitaron al cumpleaños de una niña remilgada, pero a pesar de todo el decidió asistir, y lo hizo acompañado por su pandilla. Fue demasiado fácil. Mientras los invitados jugaban en el patio trasero, él y sus amigotes se introdujeron subrepticiamente en la casa, se arrastraron bajo la mesa y escondidos tras las faldas del gran mantel se comieron todos los pasteles de la fiesta. Después se escabulleron de allí y se escondieron al otro lado de la calle, donde esperaron a ver lo qué ocurriría cuando los invitados se dieran cuenta de lo sucedido. Louie descubrió que era un placer arruinar las fiestas de los demás, y pronto comprendió también que no solo podía robar pasteles.

Todos los sábados, la familia Zamperini conducía trece kilómetros hasta San Pedro para hacer la compra y visitar a Louis y Nick, sus tíos. Cada vez que los parientes de Louie se reunían con otras familias italianas, se dedicaban a beber, fumar y contar numerosas historias sobre su antiguo país. También había buena música, a la que contribuían su madre, que tocaba el violín, y su padre, que tocaba la guitarra y la mandolina. Aunque la producción y venta de bebidas alcohólicas estaba prohibida en Estados Unidos, el tío Louis siempre tenía una abundante provisión de vino y cerveza, y nadie le preguntaba de dónde la había sacado. Una noche, Louie se escondió bajo una mesa y, mientras los mayores cantaban y contaban historias, él fue tomándose un vaso de vino tras otro. No tardó en estar completamente borracho, se levantó con piernas temblorosas, salió por la puerta y se derrumbó en un rosal cercano.

La experiencia de aquella noche hizo que empezase a robar bebidas alcohólicas siempre que podía. También se inventó una artimaña para conseguir dinero de forma más rápida que con la venta de tabaco usado: aprendió a manipular los teléfonos públicos.

En el vestíbulo del cine había una fila de teléfonos en los que había que introducir un níquel para hacer una llamada. Louie metía papel higiénico en las ranuras del dinero y lo empujaba hasta el fondo, de forma que no pudiese ser visto. Luego, los fines de semana, se pasaba unas cuantas veces al día e introducía subrepticiamente un trozo de alambre por la ranura hasta pasarlo por debajo del papel higiénico, y después tiraba de él hacia arriba. Junto con el papel salían todas las monedas de níquel que habían ido cayendo por la ranura. Era una forma fácil de ganar dinero.

A menudo se lo gastaba en entradas de cine. Aunque le gustaban las películas de Charlie Chaplin, sus favoritas eran las del Oeste. *El hombre del barranco rojo*, *Los jinetes del sabio púrpura*, *El pirata de la llanura*, *El hijo de la pradera*, Louie las había visto todas, y mientras veía una tras otra, soñaba con ser libre, como los vaqueros que las protagonizaban, y recorrer a caballo las amplias planicies con un revolver en la mano. Le gustaba fantasear imaginando cómo sería llevar una vida de aventuras.

La idea de vagar a sus anchas le resultaba muy tentadora, en parte porque tenía la permanente sensación de que siempre había alguien metiendo las narices en sus asuntos. Al llegar a tercero, el director de su colegio le sorprendió fumando y le pegó con una larga correa de cuero. Aquella noche su padre vio las marcas en su espalda y le preguntó qué había pasado. Cuando Louie lo confesó, su padre volvió a pegarle sobre la misma espalda dolorida. A pesar del dolor de la paliza, se negó a llorar. Él no era un llorón y aguantaría como un hombre cualquier castigo que se le dispensase.

El 26 de enero de 1930, cuando cumplió trece años, Louie estaba descontrolado. Que el país se viese asolado por una profunda depresión no contribuyó a mejorar las cosas. Unos meses antes, la bolsa de valores de Nueva York se había desplomado, arruinando a mucha gente y haciendo que muchísimos hombres perdieran su puesto de trabajo. Los Zamperini nunca habían estado bien de dinero, pero ahora, con la gran depresión haciendo que los precios de los alimentos se disparasen por las nubes, la familia tenía que esforzarse mucho para no pasar hambre. La madre de Louie freía pan duro, y enviaba a las niñas a recoger setas y bayas silvestres. Mientras, él y Pete salían con la escopeta de su padre a cazar conejos y fochas (aves lacustres) en los campos de cebada de los alrededores de la ciudad.

Aunque la ley seca seguía en vigor, existían formas de saltársela, ya fuera comprando licor ilegal o destilándolo uno mismo. Louie descubrió una tercera forma. Se mantenía vigilante y al acecho hasta enterarse de qué personas de la ciudad fabricaban su propio vino o cerveza. Entonces esperaba hasta el sábado por la noche, cuando la mayoría de la gente solía ir al cine, y él y su pandilla aprovechaban para introducirse en las casas y robar las provisiones de alcohol, escondiendo las botellas en una guarida subterránea que el propio Louie había excavado en «la fila de árboles». Sonreía al pensar en su creciente pila de botellas, sabiendo que sus robos nunca serían denunciados a la policía, ya que la fabricación de alcohol era una actividad ilegal.

Otras «aventuras» no acabaron tan bien. En cierta ocasión, robó algunas tartas de la camioneta de una pastelería y el conductor le denunció a la policía, que le obligó a pagar las tartas robadas. Aquel fracaso le enfureció y buscó vengarse del que le había denunciado. Al fin, una noche le vio salir del cine de Torrance acompañado de un amigo y decidió seguirles. Cuando llegaron a una calle oscura aprovechó para salirles al paso. Al verlo, el conductor se rió de él y Louie se puso rojo de ira. Primero golpeó al amigo, quien salió huyendo, y a continuación se abalanzó sobre su delator, propinándole puñetazos y patadas hasta derribarlo y dejarlo inconsciente en una zanja.

Estaba orgulloso de lo bien que había manejado la situación. Pensaba que ahora aquel conductor se lo pensaría dos veces antes de volver a denunciarlo a la policía. Sin embargo, a la mañana siguiente se despertó temprano y cubierto de sudor frío. Recordó que había golpeado sin misericordia a aquel joven. ¿Y si lo había matado? ¿Y si su cuerpo estaba aún en la zanja? El miedo se apoderó de él al pensar en lo que podía haber hecho. Nunca se le había ocurrido pensar que sus acciones pudiesen provocar la muerte de una persona.

Aún muy temprano, volvió al lugar donde había dado la paliza al joven. Este ya no yacía en la zanja, aunque no sabía si eso representaba buenas o malas noticias. Quizá el conductor estuviese vivo y se hubiese ido de allí. O quizá la policía hubiese encontrado el cuerpo, se lo hubiese llevado y ahora anduviese buscando al asesino. Louie pasó dos días angustiosos hasta que volvió a ver al conductor de la camioneta de la pastelería, magullado y vendado, pero vivo. Al verlo dejó escapar un suspiro de alivio.

Poco después del incidente con el conductor la policía se presentó en la puerta de la casa de los Zamperini. Louie supo que la cosa se había puesto fea cuando vio que el propio jefe de policía, el Sr. Collier, se había desplazado hasta allí.

—Vengo a llevarme a su hijo —le dijo al padre de Louie.

Nadie tuvo que preguntar a qué hijo se refería. Su hermano mayor, Pete, era un hijo modelo, un estudiante estupendo y un buen ciudadano. Tanto era así que Louie se sentía mal al ver lo fácilmente que su hermano sacaba las mejores notas, lo popular que era y los galardones que obtenía por su buen comportamiento en la escuela.

—¿Qué ha hecho ahora? —escuchó decir a su padre en tono sombrío.

—Lo suficiente como para meterlo en la cárcel si conseguimos testigos. Miren, ustedes son una buena familia. Dejen que me lo lleve esta tarde y vea si puedo asustarlo.

—¡Louie! ¡Louie! —gritó Tony Zamperini—. Sal al porche.

Louie esperó un momento, y después apareció por uno de los laterales de la casa.

—Ahí lo tiene, jefe Collier —dijo su padre.

Él se hizo el sorprendido.

—Sube al automóvil —dijo el jefe.

Louie subió al Ford A negro de 1929, y ni él ni el jefe de policía dijeron una palabra mientras avanzaban por las calles de Torrance. Se detuvieron en el exterior de la cárcel.

—Vamos dentro —dijo.

El jefe lo condujo al interior de la cárcel, permitiéndole echar un buen vistazo a los prisioneros que había en las celdas. De repente, se detuvieron frente a una celda compartida por dos prisioneros que los miraban fijamente, mientras permanecían agarrados a los barrotes.

—¿Dónde te gusta ir los sábados? —preguntó a Louie el jefe Collier.

—A la playa —respondió este.

—Hijo, cuando estás ahí encerrado no puedes ir a la playa, ni los sábados ni ningún otro día. Lo cierto es que si no tuviese en tanta estima a tus padres ya estarías en un reformatorio. Esta es una advertencia, hijo. Tómatela en serio o es aquí donde acabarás.

Louie siguió al jefe hasta el automóvil que le llevaría de vuelta a casa. Mientras se acomodaba en su interior el jefe le dijo:

—Espero que hayas aprendido la lección.

Louie asintió.

—Sí, señor, la he aprendido —y lo decía en serio.

Una vez en casa, al ver cómo se alejaba por la calle el automóvil negro modelo A, comprendió que, efectivamente, había aprendido una lección muy importante, solo que no era la que el jefe Collier hubiera deseado: la policía le seguía la pista, así que si iba a continuar su carrera criminal sin que le atrapasen tendría que ser listo, mucho más listo.

Capítulo 3

«Ahora estás en el equipo»

Louie hacía cola en la ferretería para comprar algunas tapas de tarros para su madre. Como de costumbre, escuchó discretamente las distintas conversaciones que se mantenían a su alrededor. Sus orejas se tensaron al oír por casualidad al cerrajero hablando con un cliente.

—Tengo una queja —dijo un hombre mayor que vestía una camisa de franela.

—¿De qué se trata? —preguntó el cerrajero.

—Usted me vendió esta cerradura y su llave el año pasado, y yo la puse en la puerta delantera. Ayer metí sin querer la llave de la casa de mi hijo y ¿sabe lo que ocurrió? La puerta se abrió. ¿Cómo es posible? Se supone que cada llave debe encajar en una única cerradura.

—Ojalá fuese así, señor —respondió el cerrajero—. Lo cierto es que en Estados Unidos hay solamente unos cincuenta tipos diferentes de cerradura.

Si sigue metiendo su llave en otras puertas, tendrá una probabilidad entre cincuenta de que su llave abra la cerradura correspondiente.

La mente de Louie era un torbellino. *¡Una oportunidad entre cincuenta de que una llave abra una cerradura al azar!* ¿Cómo es posible que ya estuviese en octavo curso y aún no se hubiese enterado? Aquella era la manera perfecta de cometer sus fechorías de un modo más inteligente.

Durante las semanas siguientes, mientras los demás estudiantes se concentraban en sus exámenes, él probó todas las llaves que cayeron en sus manos en cada una de las cerraduras que pudo encontrar. Cuando introdujo la llave de la puerta trasera de su casa en la cerradura de la puerta trasera del gimnasio del colegio de Torrance le sonrió la suerte. La cerradura giró y la puerta se abrió de par en par. *Estupendo*, pensó; *ahora es el momento de ganar algún dinero.*

Diseñar su plan le llevó la mayor parte de la clase de geometría. El precio de la entrada para ver los partidos de baloncesto en el gimnasio era de diez centavos. ¿Y si ofrecía a los estudiantes entrar por la puerta trasera a cambio de cinco? Dejar pasar a veinte chicos podía suponerle un dólar de beneficio, tan simple como eso.

Louie no tuvo que esperar mucho para poner su plan en acción. El sábado siguiente por la noche se iba a celebrar un partido de baloncesto entre el colegio Torrance y su archirrival, el colegio Narbonne. Su hermano Pete, estudiante de último año, jugaría en el equipo titular como base. Por dentro, Louie estaba orgulloso de su hermano. Atleta destacado del colegio, Pete había formado parte de los equipos de baloncesto, beisbol y atletismo en pista. Había conseguido igualar el récord de la media milla de Estados Unidos de la categoría colegios, y se preparaba para intentar batirlo en primavera. No podía entender la afición de su hermano hacia los deportes; para él, aquello suponía un esfuerzo demasiado grande. Pete entrenaba día y noche, y casi no tenía tiempo para divertirse. Pero lo peor de todo era que, para que pudieran seleccionarlo como jugador de los equipos, tenía que sacar buenas notas. Louie sabía que su futuro no estaba en los deportes.

Su plan funcionó. Louie abrió la puerta trasera del gimnasio y dejó que se colasen su pandilla y amigos. Después se sentó en las gradas a ver el partido. Al ver la gran cantidad de aficionados que habían acudido se sintió satisfecho de haber encontrado un modo de ganar dinero con ellos.

Partido tras partido, Louie «vendió» entradas baratas para el gimnasio, hasta que, una noche, un profesor fue a investigar de dónde procedía aquel flujo de estudiantes que ingresaba desde detrás de las gradas. El profesor le descubrió con las manos en la masa, metiéndose el dinero en el bolsillo mientras su ardid estaba en pleno funcionamiento, pero a pesar de ello no estaba muy preocupado. ¿Qué represalias podían tomar contra él? El sistema disciplinario del colegio Torrance establecía que cada estudiante comenzase el año escolar con cien puntos de mérito, que se iban detrayendo conforme a las faltas cometidas. El director le llamó a su despacho y le explicó que como ya le habían retirado todos sus puntos de aquel curso, le deducirían otros quince puntos del total de su paso por el colegio. Esto

significaba que empezaría a partir de enero un nuevo año con solo ochenta y cinco puntos de margen.
Además, se le prohibía participar en las actividades
deportivas, pero a él eso le daba igual. ¿Qué importancia tenía? Sabía que los deportes no eran para él,
así que se alegró de que en aquella ocasión el director no informase a la policía.

Louie se graduó de la escuela secundaria intermedia de Torrance en diciembre de 1931. En California, los niños nacidos durante los meses de invierno entraban en el colegio hacia la mitad del año
escolar normal.

Las navidades de 1931 fueron difíciles. La depresión golpeaba muy duro por todo el país, y él sabía
que su padre tenía mucha suerte de tener trabajo.
Había muchos hombres que no lo tenían. De hecho,
casi un veinte por ciento de los varones buscaban
trabajo, y algunos de los chicos de su clase tuvieron
que dejar de asistir al colegio, ya que sus familias los
necesitaban para conseguir comida.

En febrero de 1932, comenzó el noveno curso,
que se impartía en el mismo campus que la escuela
intermedia. El primer día de clase, descubrió que
al final no le habían excluido de las actividades deportivas. Supo la razón en cuanto se lo mencionó a
Pete, quien le confesó inocentemente que tanto él
como su madre habían ido a visitar al director y le
habían rogado que permitiese a Louie iniciar el año
con un expediente limpio.

—¿No es estupendo? —dijo Pete—. Ahora podrás
correr conmigo.

Louie puso los ojos en blanco.

—No deberías haberte molestado —murmuró—. ¡Jamás formaré parte de ningún equipo!

—Si cambias de idea podrás hacerlo, de eso se trata —dijo Pete insistiendo en el tema.

—Ni un tiro de caballos salvajes podría arrastrarme hasta una pista de atletismo —respondió él, imaginando la vergüenza que le daría correr delante de toda la gente. Salir corriendo era algo que él solía hacer para librarse de los problemas, así que no le veía sentido a correr alrededor de una pista con cientos de personas mirando fijamente para verlo fracasar.

Su comportamiento se había vuelto antisocial. Se negaba a comer en la mesa con el resto de la familia. En lugar de ello, insistía en sentarse en el suelo de la cocina usando la puerta del horno abierta como si fuera una mesita. Tampoco quería dormir dentro de casa. Al caer la noche arrastraba su cama al exterior y dormía bajo las estrellas. Sabía que su comportamiento era excéntrico, pero no le importaba, prefería hacer lo que le diera la gana. Lo que sí le importaba era que los demás hablasen de él; odiaba que lo hicieran. En cierta ocasión escuchó inadvertidamente a su madre hablando a su respecto con su tío Louis y su tía Margaret.

—Ya tiene trece años —dijo su madre—. Creo que le molesta su pelo.

—¿Su pelo? —preguntó tía Margaret.

—Su pelo —repitió su madre—. Pete dice que Louie se acuesta con una de mis viejas medias en la cabeza. Por lo visto intenta aplastarse el pelo, probablemente para alisarlo.

Al escuchar las palabras de su madre se puso como un tomate. Odiaba que supiese lo que le preocupaba su pelo, que era grueso y tieso, y siempre estaba de punta. La mayoría de los chicos de la clase tenían el pelo suave y sedoso, y Louie los envidiaba. Para él, no había nada peor que el pelo de un espagueti.

La tía Margaret se lo llevó aparte e intento alisarle el pelo por medio de hierros calientes. También le animó a utilizar aceite de oliva o pomada. Pero, a pesar de todos sus esfuerzos, el pelo de Louie era indomable.

Ni siquiera había terminado febrero y ya aborrecía ir al colegio. Su hermano Pete era un gran estudiante, un atleta fantástico y un líder natural, precisamente todo aquello que sus profesores no tardaron en descubrir que él no era. Tampoco ayudaba en nada el que físicamente se pareciesen tanto.

—Como un huevo a una castaña —escuchó, en cierta ocasión, a su profesor de álgebra comentarle al de inglés—. No hay duda de que los hermanos Zamperini son, en todo lo demás, tan distintos como un huevo a una castaña.

Aquello no contribuía a que se esforzara en el colegio, ya que sentía que jamás llegaría a ser como su hermano.

Por aquellas fechas tenía lugar cada año la competición de carrera en pista entre clases de noveno. En su clase sólo había cuatro chicos y las chicas estaban decididas a triunfar. Decidieron que Louie era su mejor opción para la carrera de 600 metros y le pidieron que participase. Él se negó en redondo, pero las chicas insistieron. Se sentaron con él durante el almuerzo, le rieron sus bromas y le comentaron lo bien que le quedaba el uniforme de atletismo, y Louie, que jamás había atraído tanta atención positiva en toda su vida, acabó accediendo a representar a su clase en la carrera de 600 metros.

Aquella carrera le abrió los ojos. Louie tuvo una mala salida; no había querido quedar enmarañado en el grupo de ambiciosos muchachos que salieron disparados a gran velocidad desde la misma línea de partida. No obstante, a medida que avanzaba la carrera, se dio cuenta de que tampoco iba a lograr alcanzarlos. Llegó a la línea de meta jadeando en un penoso último lugar. Avergonzado de su rendimiento y tras escuchar cómo algunas de las chicas se reían de él, se retiró tras las gradas y se sentó a contemplar fijamente la pista de atletismo preguntándose qué había hecho mal. ¿Tan difícil era correr? A Pete no parecía costarle nada. A Louie le palpitaban las plantas de los pies y se sentía ridículo. Mientras que él sólo había recorrido 600 metros, poco más de la tercera parte de una milla, Pete se entrenaba para establecer una nueva plusmarca de todos los institutos para la distancia de una milla.

Louie meditó en las diferencias entre él y su hermano. Pete no bebía alcohol cada vez que tenía oportunidad, tampoco fumaba, ni se guiaba por la ley del mínimo esfuerzo. Todo lo contrario que él. Estaba seguro de que jamás competiría de nuevo. Cambiar todos sus malos hábitos simplemente para poder correr no le parecía compensarle en absoluto. No tardó mucho en descubrir que su hermano veía las cosas de modo diferente.

—La primera carrera es la más dura —le explicó Pete aquella noche—. Si me dejas que te entrene, nunca volverás a quedar el último.

—No, gracias —respondió él—. Ya he tenido suficiente con una carrera.

—¿Acaso no te ves capaz de conseguirlo? —dijo su hermano para provocarlo.

No contestó, sabía que era una trampa. Pete usaría cualquier respuesta que diese como pretexto para aguijonearlo otra vez, pero estaba seguro de que no había nada que pudiera hacerle desistir de sus borracheras del sábado por la noche con la pandilla.

Sin embargo, Pete no se desanimó.

—Ahora estás en el equipo, Louie. No serás el típico rajado, ¿verdad?

Louie se sintió exasperado.

—¿Cómo voy a ser parte del equipo por haber corrido una sola carrera? Además, llegué el último, ¿recuerdas?

—Lo harás mejor. Yo te ayudaré.

Louie acabó cediendo.

—Está bien. Correré la próxima semana contra Banning. Si vuelvo a quedar en último lugar no volveré a competir, ¿de acuerdo?

—Tenemos un trato —dijo Pete—. Sé que puedes mejorar.

Una semana más tarde, se encontraba en la línea de partida de su segunda carrera de 600 metros. Se sentía aliviado al pensar que sería la última vez que tuviese que competir. No es que planease llegar en último lugar a propósito, pero estaba convencido de que aquello era lo que sucedería. Los tres corredores del colegio Banning eran más altos que él, y se notaba que para ellos aquel evento era algo muy serio. Uno de ellos estaba concentrado haciendo estiramientos, y escuchó a otro dándose a sí mismo una charla de motivación. Todo aquello era muy raro, y Louie quería que acabase lo antes posible.

Nada más escucharse el pistoletazo de salida, los corredores de Banning salieron disparados. Unos instantes después miraba fijamente sus espaldas mientras avanzaba al trote en último lugar. Entonces, desde los graderíos, escuchó a un grupo de chicos de noveno gritando:

—¡Vamos, Louie! ¡Adelante, Louie!

Aquello le llenó de asombro. Nunca nadie le había dado gritos de ánimo antes. Se sintió bien, empezó a correr más rápido y adelantó a un corredor. Al final, dos corredores de Banning fueron primero y segundo, pero Louie llegó el tercero, no el último. Se quedó muy sorprendido.

—Puedes hacerlo —le dijo Pete—. El entrenador dice que no estás en forma todavía, pero tienes agallas, y las agallas cuentan. Quédate en el equipo. Yo te entrenaré. Creo que de esto puede salir algo bueno.

—Duele demasiado —gruñó Louie mientras se masajeaba los gemelos—. ¿Por qué querría alguien hacerse esto a sí mismo?

—Cada vez te costará menos, ya lo verás —dijo Pete—. Date una oportunidad. Tú puedes ser un corredor, Louie. Yo sé que puedes. Recuerda, una vida de gloria merece un momento de dolor.

—No estoy de acuerdo. El atletismo no es para mí.

Pete le sujetó el brazo.

—Mira, en mi opinión tienes dos opciones. Seguir por el camino que has emprendido y convertirte en un vagabundo, o dedicar tus energías a algo que valga la pena y ver lo que sucede. Tú decides. Avísame mañana qué es lo que quieres hacer.

Aquella noche apenas pudo dormir. Pensó en los obreros de la acería Columbia. Su trabajo era sucio y pesado, al igual que el de las demás fábricas de la ciudad, o el de las torres de perforación de petróleo que rodeaban Torrance. Louie pensó en lo duro que trabajaba su padre para sostener a la familia, en pie frente a un torno todo el día. ¿Eran esas sus expectativas? Pensó también en los vagabundos que pasaban por la ciudad pidiendo limosna. Si no cambiaba de comportamiento, ¿terminaría siendo uno de ellos? No quería que le pasara eso cuando fuese mayor, pero tampoco quería renunciar a sus amigos ni a la vida descontrolada que llevaba. No sabía qué hacer. Si se dedicaba a entrenar para convertirse en un corredor, ¿cambiaría eso realmente su vida?

Al llegar la mañana, había tomado una decisión: permanecería en el equipo de atletismo y dejaría que Pete le entrenase, pero no abandonaría la bebida ni el tabaco, simplemente continuaría bebiendo y fumando en secreto.

No tardó mucho en arrepentirse de haber cedido ante las presiones de Pete. Las sesiones de entrenamiento ideadas por su hermano eran una auténtica tortura. Todas las noches, después del colegio, Pete le llevaba a correr por los alrededores mientras él le acompañaba montado en bicicleta, y cada vez que Louie aflojaba el paso le pegaba con un azote en el trasero. Y funcionaba, Louie apretaba la marcha.

Se celebraron más carreras inter-escolares y Louie no volvió a quedar el último. Quedó el segundo, y después quedó el primero en una carrera de 600 metros. Estaba asombrado. Nunca se había imaginado que entrenar duro pudiera suponer tanta diferencia. Louie participó en las finales de toda la ciudad, en las que se competía contra estudiantes de todos los colegios de la zona, y quedó en quinto lugar.

En aquel mismo encuentro de atletismo, Pete batió el récord de la milla del colegio Torrance. Todos hablaban de los hermanos Zamperini, Peter y Louis, los atletas, y no de Pete el atleta y de Louie, su hermano problemático y poco fiable. Esto hizo que se sintiese bien, aunque no lo suficiente como para sobreponerse a la perspectiva de pasar un verano largo y caluroso metido en casa. Sin competiciones de atletismo para las que entrenar, no tardó en sentirse inquieto y en aborrecer las tareas diarias. Empezó a sentirse atraído por el pitido distante de los trenes que pasaban por la zona, y supo que tan sólo era cuestión de tiempo el que un día saltase a un vagón y se marchase de la ciudad.

Capítulo 4

El pitido de los trenes

Era el segundo sábado de las vacaciones de verano y Louie pensó que había llegado a su límite.

—Louie, antes del almuerzo arranca las malas hierbas del macizo de flores —dijo su madre.

—Louie, te toca cortar el césped —le recordó su padre—. Y no te olvides de llevar a tus hermanas al parque.

Una tras otra las tareas se acumulaban hasta que aquel día explotó y le gritó a su padre, quien le devolvió el grito. Ambos permanecieron frente a frente mirándose desafiantes a los ojos hasta que, finalmente, Louie soltó una palabrota y se marchó a su cuarto. Allí metió algo de ropa en una bolsa vieja y se marchó de casa.

—No te vayas, Louie —dijo su madre con ojos llenos de lágrimas al ver cómo se alejaba—. Por favor, no te vayas.

Él la miró fijamente, como si fuera una extraña.

—Estaré mejor en cualquier sitio de lo que estoy aquí —respondió bruscamente. Su madre se dio la vuelta y se metió rápidamente en la cocina.

Al cabo de un rato vio a su madre correr tras él. Lo alcanzó, le dio un abrazo y le metió en la bolsa un bocadillo envuelto en un papel.

—Vuelve a casa algún día, Louie —dijo ella—. Promete que volverás a casa.

Él permaneció silencioso y se puso de nuevo en camino.

—¡Eh, Louie, espera! —escuchó gritar a su padre—. Toma esto —le dijo tendiéndole dos billetes de un dólar.

Louie dudó durante un momento. Se había convencido a sí mismo de que era una especie de esclavo doméstico, y de que sus padres no se preocupaban por él. Ahora se preguntaba si era verdad. Pero aquellos gestos no fueron suficientes para hacerle cambiar de idea. Agarró el dinero, se dio la vuelta y siguió caminando.

Su primera parada fue en la casa de su amigo Johnny, quien también estaba molesto con sus padres. No le resultó difícil convencerlo de que se marchara con él.

Ambos chicos bromeaban entre ellos mientras esperaban junto a la curva de las vías del ferrocarril en el extremo norte de la ciudad. Lanzaron sus bolsas a la plataforma trasera del furgón de cola del primer convoy de mercancías que vieron pasar, y corrieron junto al tren. El primero en subir fue Johnny y después lo hizo él. Ambos ascendieron por la pasarela que conducía al techo de un vagón y se sentaron allí. Atardecía, y el sol se ocultaba lentamente mientras avanzaban hacia el norte. El convoy se detuvo en Los Ángeles, cambiando de vía hacia delante y hacia atrás para enganchar más vagones antes de continuar su camino. La noche era brillante y clara, y Louie contemplaba las estrellas bajo la luz de la luna mientras atravesaban el río San Joaquín. *Es así como quiero vivir*, pensó, *libre para ir donde me apetezca.*

Louie y Johnny saltaron del tren antes de llegar a San Francisco. El bocadillo que Louise Zamperini le había dado a su hijo hacía mucho que había desaparecido y ambos estaban hambrientos. Pasaron junto a un huerto y aprovecharon para servirse de la cosecha temprana de manzanas y peras. Luego escucharon un trueno y pronto empezó a llover.

Por entonces habían llegado a las afueras de la ciudad, a unos terrenos ocupados por vagabundos donde cientos de hombres, mujeres y niños vivían en barracas de cartón y lona. Los habitantes del lugar estaban famélicos y los niños tenían miradas vacías. Louie apartó la vista, pero no pudo evitar pensar en sus dos hermanas, y lo felices y vivarachas que parecían. En ese momento vio a un hombre con una mochila a la espalda de la que sobresalía una gran lata de habichuelas Heinz. Tenía que apoderarse de ellas, así que le hizo una seña a Johnny. Ambos habían cometido juntos con anterioridad numerosas fechorías, así que una segunda seña bastó para que Louie corriera hasta aquel hombre y sacara la lata de judías de su bolsa. Johnny le seguía de cerca y ambos escaparon corriendo.

—¡Al ladrón! —escuchó gritar Louie. Giró la cabeza y se rió al ver a tres hombres persiguiéndolos. Jamás podrían atraparlos. Y, en efecto, al cabo de un rato desistieron de la persecución.

Tras ponerse a salvo a alguna distancia de allí, él y Johnny se sentaron junto a las vías del tren y su amigo utilizó una navaja de bolsillo para abrir la lata haciendo palanca. Después se turnaron para comerse las habichuelas con ayuda de un palito. Aunque no estaba dispuesto a admitirlo, lo cierto era que la visión del campamento de vagabundos le había dejado conmocionado. Sentado junto a las vías del tren, temblando bajo la lluvia y comiendo habichuelas frías, empezó a preguntarse si no había cometido un error. Justo en ese momento pasó un tren de pasajeros y él alzó la vista. El tren pareció pasar a cámara lenta mientras traqueteaba por la vía. Louie pudo ver el vagón restaurante de primera clase. Casi pudo oler la carne asada, servida en platos de porcelana dispuestos en una mesa con mantel, y vio a las mujeres en sus elegantes vestidos y a los hombres de etiqueta bebiendo en copas de cristal.

Las palabras surgieron espontáneas:

—Chico, somos unos tontos.

Johnny miró a Louie mientras intentaba pinchar del fondo de la lata las últimas habichuelas.

—Sí señor, ya lo creo que lo somos —continuó diciendo Louie—. Pero algún día seré como uno de los que acaban de pasar. Montaré en primera clase y comeré en un vagón restaurante como ese. Pediré el menú completo, todo lo que quiera.

—Sí, seguro —dijo Johnny con una sonrisa burlona.

Louie permaneció pensativo. Había algo en el contraste entre el campamento de vagabundos y el vagón restaurante de primera clase que le recordó aquello que su hermano le había dicho: «Tienes dos opciones. Seguir por el camino que has emprendido

y convertirte en un vagabundo, o dedicar tus energías a algo que valga la pena y ver lo que sucede.
Tú decides». ¿Quería realmente estar hambriento y
sin techo, como las gentes del campamento de vagabundos? ¿Era esa la vida que quería? No creía que
fuera así.

—Vámonos a casa —dijo Louie levantándose.
Prefirió no decir nada más ya que no se fiaba de sí
mismo y no quería que Johnny pensara que se había vuelto un blandengue.

Los chicos se encontraban a unos 650 kilómetros de Torrance y casi no tenían dinero. Louie suponía que volver a casa sería tan fácil como lo había
sido marcharse, pero estaba equivocado.

Él y Johnny saltaron a un tren que se dirigía al
sur y se acurrucaron en un vagón, cansados y em-
papados, junto a otros dos vagabundos. Exhaustos,
ambos no tardaron en quedarse dormidos. Cuando
se despertó de repente, vio a los dos vagabundos
acercándose a ellos:

—Queremos tu dinero —dijo uno de ellos.

Louie negó con la cabeza y despertó a Johnny de
un codazo, al tiempo que los hombres empezaban a
golpearlos. Ambos se pusieron en pie y empezaron a
pelear con todas sus fuerzas, devolviendo los golpes
de sus atacantes. Ensangrentados y sin aliento, los
dos vagabundos se desplomaron al suelo. Pero Louie
y Johnny no habían terminado. Los arrastraron hasta la puerta del furgón y los arrojaron con el tren en
marcha. Con una sonrisa en el rostro, Louie se dijo
a sí mismo que aquel par de vagabundos habrían
quedado lo suficientemente magullados como para
pensárselo dos veces antes de volver a meterse con
ellos, si es que sus caminos se cruzaban de nuevo.

Tras la pelea, ambos volvieron a dormirse, pero, al despertar, descubrieron que el furgón se había detenido y la puerta estaba cerrada. ¡Estaban atrapados dentro! Louie supuso que habían desenganchado el vagón dejándolo en alguna vía muerta. Ambos chicos pasaron tres días encerrados dentro de aquel furgón, que se calentaba como un horno bajo el ardiente sol de California. Estaban hambrientos y sedientos, y empezó a pensar que morirían si no lograban escapar, así que ideó un plan.

El techo tenía un respiradero, que Louie podía abrir subiéndose a hombros de Johnny. El agujero era muy estrecho, pero se las arregló para colarse por él y salir al exterior, aunque se hizo un corte en la rodilla. Tras ayudar a Johnny a salir, se ató lo más fuerte que pudo un pañuelo alrededor de la rodilla para detener la hemorragia. Una vez que descendieron del techo, ambos chicos se quedaron por unos momentos de pie junto a la vía del tren. Louie se contempló a sí mismo: estaba sucio, ensangrentado y magullado. Aquello le ayudó a convencerse de que ser un vagabundo e ir por ahí subiendo a trenes no significaba necesariamente ser libre.

Ambos subieron a otro tren y, al fin, consiguieron volver a Torrance. Al acercarse a su casa y recorrer el camino de entrada al hogar de los Zamperini, se dio cuenta de que aquel lugar nunca antes le había parecido tan acogedor.

Cuando le vio llegar, la madre de Louie salió corriendo por la puerta, secándose las manos en el delantal.

—¡Louie, has vuelto! ¡Querido Toots, estás en casa! —exclamó mientras lo rodeaba con un fuerte abrazo y lo introducía en casa—. Siéntate, déjame que te vea. Estás herido.

—No es nada, mamá —dijo él.

Con todo cuidado, su madre desató el pañuelo ensangrentado de su rodilla y curó la herida, limpiándola y untando pomada sobre ella, y cubriéndola con unas vendas limpias. Después lo llevó a la cocina y lo atiborró de galletas. Por una vez, no estaba enfadado con ella. Era estupendo tener a alguien que cuidase de él.

Cuando su padre llegó a casa del trabajo, Louie se había bañado, cambiado de ropa y había empezado a pintar la casa. Al ver la expresión del rostro de su padre, supo que estaba contento y sorprendido; contento de que su hijo estuviese en casa a salvo, y sorprendido de verle pintar la casa.

Aquella noche durmió en su propia cama, en el cuarto que compartía con Pete. Cuando apagaron la luz, dijo bajito:

—De acuerdo, Pete, me rindo. He sido un tonto. Haz de mí el mejor corredor posible.

A la mañana siguiente, estaba listo para entrenar. Una vez más, mientras él corría, su hermano le seguía sobre la bicicleta para darle un azote cada vez que bajaba el ritmo. A pesar de los golpes, no tuvo más remedio que detenerse cada dos o tres manzanas a recuperar el aliento. En aquel preciso momento y situación tomó la decisión de dejar de fumar y de beber. No podía dejar que sus malos hábitos le impidiesen progresar.

Aquella noche, Pete dejó un libro humorístico basado en la vida de Glenn Cunningham sobre la almohada de Louie. Lo leyó de un tirón y, al acabarlo, se quedó mirando pensativamente por la ventana mientras meditaba en la vida de aquel personaje. Glenn era ocho años mayor que él y en aquel momento tenía el récord de la milla al aire libre de todo Estados Unidos. Sin embargo, lo importante no era eso. Lo más llamativo era que a los siete años, él y Floyd, su hermano de trece, estaban encendiendo la estufa de leña de la única sala de clase de su colegio, cuando la estufa explotó, provocándoles serias quemaduras. La hermana mayor de ambos llamó al médico y las noticias fueron malas. El doctor pronosticó que Floyd sufriría una muerte lenta y dolorosa, y advirtió que lo más seguro era que Glenn siguiera el mismo destino.

En efecto, Floyd murió nueve días después, a causa de sus heridas. Pero Glenn se agarró a la vida. Las numerosas infecciones y dolores que tenía le hicieron padecer mucho, pero con el tiempo fue capaz de sentarse, y más tarde consiguió ponerse en pie. Tenía grandes quemaduras en los músculos de sus piernas, y estirar el tejido cicatrizado le ocasionaba un dolor agudísimo. Tardó dos años en poder andar de nuevo. Pero Glenn no se rindió; descubrió que le resultaba más fácil correr que andar, y a menudo salía a correr a través del campo, sujetándose a una mula por el rabo para equilibrarse. Al final, Glenn estuvo lo suficientemente recuperado como para volver al colegio. También siguió corriendo y ganando carreras. Lo que vino después ya era conocido por todos.

A la mañana siguiente, mientras entrenaba con Pete, Louie seguía pensando en la determinación de Glenn Cunningham. Tras la sesión de entrenamiento, fue directamente a casa y se puso a realizar las tareas que le encargó su madre, antes de salir a correr otra vez después del almuerzo.

Los días fueron pasando y Louie se sentía cada vez más fuerte y rápido. Al final de la segunda semana de entrenamiento, empezó a correr las cuatro millas que había desde su casa hasta Redondo Beach, regresando haciendo autoestop hasta Torrance. Al terminar el mes, podía recorrer tanto el camino de ida como el de vuelta, así como realizar un circuito de dos millas a lo largo de la playa. Descubrió que le encantaba correr al aire libre, en contacto con la naturaleza, y a menudo pasaba las tardes en las colinas que rodeaban Torrance, corriendo por pistas de montaña, saltando por encima de los tocones de los árboles y esquivando las serpientes de cascabel. Cuando más corría, más fuertes se hacían sus piernas y más constante su ritmo.

Louie se preguntaba qué tal lo haría cuando volviese al colegio. Pete ya no estaría allí como alumno del instituto Torrance. Se habría graduado y asistiría al colegio universitario de Compton, situado a ocho millas, donde la matrícula era gratis. Louie se preguntaba si sería capaz de seguir los pasos de su hermano y transformarse en el corredor más rápido del instituto.

—¡Tú puedes conseguir eso y mucho más! —le animó Pete.

Louie no estaba tan seguro.

posa... para que â unisón que Pere estaba canto...
Ay estaba de azahar había modificado... tituir...
otro montón de cosas; la mare que se encontraba

Capítulo 5

Tornado Torrance

En otoño de 1932, tras las vacaciones de verano, Louie volvió al colegio. Se sentía como si lo hubieran depositado en un planeta alienígena. Se esforzó en sus estudios y continuó sobresaliendo como atleta. Poco tiempo después, los mismos muchachos que se habían burlado de él en primaria buscaban encantados su compañía. Le invitaban a comer, a tocar el ukelele en la playa y a ir de fiesta con ellos. En su décimo sexto cumpleaños, el 26 de enero de 1933, las chicas de su clase lo persiguieron por los pasillos del colegio para darle dieciséis azotes, en medio de risitas y bromas. Louie no podía haberse sentido más feliz con su «castigo».

Apenas podía creer lo que habían cambiado las cosas. Tenía que admitir que Pete estaba en lo cierto: cambiar de actitud había modificado también otro montón de cosas. Siempre que se encontraba

con Johnny u otro de los miembros de su antigua
pandilla, le costaba comprender cómo había podido pensar alguna vez que aquella fuera una buena
vida. Ahora le parecía un tipo de existencia completamente fútil.

Aunque Pete tenía una habitación en el campus
del Compton Junior College, todas las noches conducía su viejo Chevy a casa para supervisar sus entrenamientos. Ponía tanto interés en ello que hacía
que Louie se tomase todo aquel asunto muy en serio.
Pronto hizo un pacto consigo mismo, uno del que
no habló ni siquiera con Pete. Se entrenaría a diario durante un año, independientemente del tiempo.
Los días lluviosos, cuando no pudiese entrenar en
las pistas embarradas del colegio, se pondría unos
calzones cortos y unas zapatillas deportivas y corre-
ría dos kilómetros y medio por el vecindario. En dos
ocasiones Torrance se vio azotado por sendas tor-
mentas de arena, pero ni siquiera eso consiguió que
Louie faltase a su propósito. Lo único que hizo fue
atarse un pañuelo sobre la boca para evitar respirar
arena mientras corría.

La familia Zamperini apoyó sin reservas los esfuerzos de Louie. Cuando este se quejó de que los
pantalones cortos de lana del uniforme de atletismo
del instituto le picaban, su madre le hizo un par de
pantalones ligeros con la tela de su falda plisada de
satén; y Pete siempre le acompañaba los sábados
en los que competía. Ambos hermanos desarrollaron
el siguiente sistema: al aproximarse el momento de
la carrera, Louie hacía estiramientos y ejercicios de
calentamiento; después se tumbaba boca abajo sobre el césped del interior de la pista e imaginaba la
carrera. Cuando esta estaba a punto de comenzar,

ocupaba su puesto en la línea de salida y salía disparado con el pistoletazo del juez de línea. Mientras Louie corría, Pete hacía lo mismo por el interior, moviéndose con un cronómetro hacia atrás y hacia delante, dándole a su hermano instrucciones y gritándole palabras de ánimo.

La velocidad de Louie era asombrosa. Ganó la carrera de los 600 metros y batió el nuevo récord del colegio, hasta entonces en poder de su hermano, por dos segundos. Cuanto más corría, más rápido se volvía. Corrió la carrera de una milla campo a través en cinco minutos y tres segundos (5:03), y más tarde volvió a correr la misma distancia en 4:58.

En noviembre de 1933, cerca de finalizar su segundo año de colegio, empezó a entrenar junto a Pete para la distancia de dos millas. Ambos hermanos tomaron la salida contra otros trece corredores en el Compton Junior College. Louie era uno de los participantes que aún estaba en el colegio; el otro era La Verne Jones, un compañero del colegio Torrance. Louie partió rápido y fue cada vez a más. Antes de darse cuenta ya atravesaba como una bala la cinta de meta. Se giró y vio que el segundo corredor aún estaba a casi 50 metros de distancia, mientras que Pete llegaba en tercer lugar. Su victoria salió en el Torrance Herald, el periódico local. El artículo terminaba con las siguientes palabras:

Los chicos [Louie y La Verne Jones] fueron a competir sin ningún entrenamiento previo, simplemente por tener esa experiencia, y el joven Zamperini sorprendió a todos, incluso a sí mismo, llegando el primero con facilidad. La exhibición de los chicos de Torrance tiene incluso más mérito, ya que compitieron por encima de su nivel, contra corredores mayores y más experimentados de diferentes universidades.

Después de la carrera de las dos millas en Compton Louie siguió mejorando. Podía correr normalmente una milla en 4:28 ó 4:29. Todo el mundo en Torrance le conocía por su nombre y, en febrero de 1934, al comenzar su penúltimo año, fue elegido presidente de la clase. A pesar de la fama, Louie se esforzó por sacar buenas notas, y aunque a veces se sentía frustrado por la dificultad de algunas asignaturas, sabía que tenía que persistir si quería ir a la universidad y seguir corriendo.

El colegio Torrance pertenecía a la Liga de atletismo de la marina, por lo que en mayo de 1934 Louie empezó a competir en esa liga en la distancia de tres cuartos de milla. El Torrance Herald narró el resultado en su edición del 18 de mayo. El titular decía: «Zamperini establece un nuevo récord». El artículo que venía a continuación, afirmaba:

> Por primera vez en muchos años, si es que ha sucedido alguna vez, los colores del colegio Torrance han subido a lo más alto del podio en el encuentro de atletismo del sur de California, celebrado este sábado en las instalaciones del instituto Los Ángeles. Louis Zamperini, campeón de una milla de los rojos y blancos, ganador de todas las carreras en las que ha participado este año, consiguió el éxito con una sensacional victoria en la carrera de la distancia de clase B, 1300 metros, al establecer un nuevo récord de 3:17. Esta plusmarca rebaja en más de tres segundos el récord anterior, que llevaba imbatido varias temporadas.

Louie estaba asombrado de ver lo lejos que había llegado. Menos de un año antes se había escapado de casa con la intención de ser un vagabundo, y ahora era la estrella de atletismo del instituto. Su madre compró un álbum de recortes para guardar el artículo del Torrance Herald.

—Esto no ha hecho nada más que empezar, Toots —le dijo.

Parecía tener razón. Louie no había perdido una sola carrera en todo el año y seguía manteniendo firme su compromiso de salir a correr todos los días.

A partir de ese momento, se puso como objetivo el gran encuentro de atletismo inter-escolar que tendría lugar en Coliseo de Los Ángeles, donde participaría en la carrera de una milla. Sabía que iba a enfrentarse a una dura competencia. El mejor corredor del distrito, Virgil Hooper, de Antelope Valley, era el favorito para ganar. Hacia la milla en un tiempo oficial de 4:24, y poseía el récord estatal de esa distancia para institutos con 4:29.2. Entre los participantes, había otros tres chicos que también podían ser serios competidores: Bob Jordan, del colegio Whittier; y dos corredores nativos americanos (indígenas), Elmo Lomachutzkeoma y Abbot Lewis, del colegio Sherman.

Louie repasó la carrera en su mente un millón de veces, discutiendo con Pete innumerables estrategias. Su hermano le dijo que la única persona de la que tenía que preocuparse era Virgil Hooper. Si quería ganarle, tendría que correr una carrera inteligente. Si al cabo de 200 metros iba por delante de Virgil, debía intentar correr aún más rápido y abrir una brecha todo lo grande que pudiera. Pete le señaló que si llegaba a los últimos 200 metros con una diferencia de entre 10 y 15 metros sobre Virgil, y conseguía correr ese último tramo en 30 segundos,

Virgil tendría que hacerlo en 27 segundos para alcanzarlo. A esas alturas de carrera sería difícil que lo consiguiera. Louie siguió todos los consejos que le dio su hermano. La mañana de la carrera, Louie se sentía fatal. Tenía un nudo en el estómago y no pudo desayunar.

Pete lo miró con recelo.

—¿Qué te pasa, Toots? ¿Tienes miedo?

A Louie le hirvió la sangre.

—No, sencillamente no me encuentro bien. ¡No espero que tú lo entiendas!

—Ya lo creo que no —respondió Pete.

—¡He dicho que no me encuentro bien, eso es todo! —gritó Louie, dando un puñetazo en la mesa.

—¡Bah, lo que te pasa es que te has acobardado! —le replicó Pete.

Louie se volvió hacia su madre y dijo bruscamente:

—¡Voy a ir a esa carrera y voy a participar. Si muero durante la misma, mis piernas seguirán corriendo!

Su madre asintió y llenó su taza de café.

Pete sonreía abiertamente.

—Así se habla —dijo.

Louie se encontró mejor, pero al llegar al Coliseo de Los Ángeles, donde se habían celebrado los Juegos olímpicos de 1932, volvió a hacérsele un nudo en el estómago. Al acercarse a la línea de salida para la carrera de la milla, se quedó asombrado al descubrir que había tantos corredores clasificados que tenían que formar en dos líneas, una detrás de la otra. A él le tocó en la segunda. Al escuchar el pistoletazo de salida, se enfureció al pensar en su pésima posición de partida. Aunque la carrera había empezado, tuvo que esperar a los corredores que tenía delante antes siquiera de poder moverse; y cuando por fin pudo hacerlo, había tantos atletas en la pista que no pudo encontrar una línea libre por la que correr. Mientras tanto, Elmo y Abbot habían tomado la delantera y establecido un ritmo vertiginoso.

Al llegar a la segunda vuelta, encontró algún espacio por el que poder adelantar a otros corredores y avanzar algunos puestos en la carrera. Durante la tercera, varios corredores cansados se desfondaron, no así Louie, que mantuvo un ritmo constante. Transcurrido poco más de media carrera Elmo y Abbot también empezaron a cansarse, y Louie los adelantó. Virgil Hooper seguía en buena posición, pero sufría a causa de una inflamación en la cara posterior de su cuello. Finalmente tuvo que retirarse. A falta de doscientos metros para la meta, Louie iba por delante. Pete esprintó por el interior animándolo para que no disminuyese el ritmo, sino que lo mantuviese constante. De repente, Louie sintió los pasos de otro corredor pisándole los talones. Era Gaylord Mercer, del instituto Glendale, que amenazaba con alcanzarlo. Al percatarse, Louie esprintó con todas sus fuerzas y cruzó la línea de llegada con casi diez metros de ventaja sobre Gaylord.

A pesar de su posición de partida tan poco ventajosa, había ido escalando puestos hasta ganar la carrera. Y no solo eso, sino que además había batido el récord del mundo interescolar de la milla, un récord que llevaba dieciocho años sin ser superado. El antiguo récord estaba en 4:23.6 y él había corrido en 4:21.3.

De regreso a Torrance, la noticia de su éxito ya aparecía en la sección de deporte de la página cuatro del Torrance Herald. Esta vez el relato de su récord encabezaba la sección. El titular decía: «UN RÉCORD

DE DIECIOCHO AÑOS CAE ANTE EL VELOZ ZAM-
PERINI». Bajo el titular había una foto suya, con los
brazos alzados, mientras cruzaba la meta sin ningún
otro corredor a la vista. El artículo que acompañaba
al titular, declaraba:

> Saluden al campeón del mundo. Los seguidores
> de Torrance en las gradas del Coliseum se volvie-
> ron locos de entusiasmo este sábado por la tarde,
> al ver a Louis Zamperini dar cuatro vueltas a la
> pista para terminar varios metros por delante en
> la carrera más rápida de la milla celebrada jamás
> en las finales del sur de California, estableciendo
> el impresionante récord de 4 minutos 21 segun-
> dos y 3 décimas.

Ningún estudiante de instituto antes que él había corrido tan rápido una milla. Le costaba creer lo
lejos que había llegado. En su penúltimo año de instituto, Louie Zamperini, el chico «espagueti» que iba
por muy mal camino, veía ahora su nombre escrito
en todos los periódicos del estado. Los periodistas
hasta le pusieron un mote: «Tornado Torrance».

A Louie le hizo gracia saber que el Torrance Herald había asegurado sus piernas por 50.000 dólares.

—¿Y qué pasa con mis brazos? —dijo bromeando—. Tampoco puedo correr sin ellos.

Era como si todo el mundo quisiese verlo correr.
Cuando daba vueltas al campo de entrenamiento del
instituto, una multitud se congregaba al otro lado de
la verja para vitorearlo. Estudiantes y padres com-
partían automóvil para asistir a todas las carreras
donde competía. Le regalaron relojes de oro y cestas de alimentos, los chicos de primaria le seguían a
distancia y las autoridades municipales hacían cola
para estrecharle la mano.

Al empezar su último año de instituto, le empezaron a llegar casi diariamente por correo ofertas de becas universitarias. A Louie le daba la risa, porque nadie en el instituto Torrance, ni siquiera los chicos que sacaban todo sobresaliente, recibían tanto interés como él por parte de las universidades. A medida que se acercaba el momento de la graduación, tenía que tomar una decisión importante. El año anterior, Pete había ganado una beca para estudiar en la Universidad del Sur de California (USC), en Los Ángeles. En la USC había continuado corriendo y se había ganado un puesto como uno de los diez mejores corredores universitarios de la milla de todo el país. Louie sabía que su éxito tenía mucho que ver con la dedicación que Pete había mostrado al entrenarlo, así que quería seguir cerca de él.

Además, 8 meses después y a 10.000 kilómetros de distancia tendría lugar el mayor evento deportivo del mundo, los Juegos olímpicos de 1936 en Berlín, Alemania, y Louie se preguntaba si conseguiría una plaza como corredor para participar en los juegos. Era consciente de que se trataba de un objetivo muy ambicioso. Los corredores de élite no llegaban a su máximo nivel hasta casi la treintena, y él solo tenía dieciocho años y todavía no se había graduado del instituto. Sabía que era una locura, pero una carta que llevaba siempre consigo en el bolsillo de su camisa, le daba confianza necesaria para poder conseguirlo. Solía sacarla y releerla de vez en cuando:

Estimado Louis Zamperini:
Su rendimiento le señala como uno de los candidatos destacados a formar parte del equipo olímpico de Estados Unidos. Todos los atletas consultados por los miembros del Comité olímpico

estadounidense apoyan nuestra participación en
los juegos de 1936. Es el deber de este comité pro-
veer para nuestra participación y conseguir los
fondos necesarios para financiar el equipo. Algunas personas ajenas al deporte han cuestionado
la decisión del comité, alegando que hay muchos
atletas que no quieren participar. Para recha-
zar esta alegación y que no sea un impedimento
a la hora de recaudar contribuciones, el comité
desea que un gran número de candidatos reales
a participar expresen su opinión. ¿Planea usted
competir para formar parte del equipo? Y en caso
de que se clasifique, ¿estaría usted dispuesto a
viajar a los juegos de Berlín de 1936? Por favor,
indique sus intenciones en la tarjeta adjunta,
ponga una X en la casilla marcada con «Sí» o con
«No», y devuélvanosla por correo. Gracias por su
cooperación.

Atentamente, Avery Brundage, Presidente del Comité olímpico estadounidense.

Louie había puesto una gran equis en la casilla
del «Sí» y había enviado rápidamente la tarjeta. Sabía que la carta se había hecho necesaria a causa de
la llegada al poder en Alemania de Adolf Hitler y los
nazis. Algunos estadounidenses sostenían que los
juegos no debían celebrarse en Berlín. Todo lo que
él sabía es que quería una oportunidad de entrar en
el equipo y competir contra los mejores corredores
del mundo.

Capítulo 6

Una carrera brillante

En una fría mañana de febrero de 1936, Louie estacionó su coche en el exterior del edificio de ladrillos rojos y columnas blancas de la fraternidad Kappa Sigma. Su hermano Pete era miembro de la fraternidad, y mientras sacaba su equipaje del maletero, estaba seguro de que había tomado la decisión correcta al aceptar la beca de la Universidad del sur de California. Además, había llegado a un acuerdo con ellos: permanecería con Pete en la residencia de la fraternidad y se entrenaría con los demás estudiantes, pero no empezaría las clases hasta el otoño. De esa forma podría dedicar todo su tiempo a conseguir entrar en el equipo olímpico.

Louie se sentía muy presionado. El Torrance Herald había solicitado a la ciudad que le apoyase:

> Todo Torrance desea ver a Louie en ese equipo mundialmente famoso. Y sólo hay una forma

de conseguirlo, que es apoyando al muchacho con todos los recursos de esta comunidad. Él hará su parte y conseguirá que nuestra comunidad sea mundialmente conocida. Los éxitos espectaculares de Louie durante los dos años anteriores son buena prueba de lo que puede conseguir en la actualidad. En este momento nuestro slogan es «a Berlín», y ese debería ser también el de todo Torrance.

Aunque agradecía la fe que los ciudadanos de Torrance depositaban en él, las dudas crecían en su interior al no conseguir alcanzar algunos de los objetivos que Pete le había establecido. Louie se estaba quedando atrás en su calendario de entrenamiento. Cada semana mejoraba sus tiempos, pero no lo suficiente como para lograr una plaza en el equipo de la milla que iría a la olimpiada. Cuando los hermanos Zamperini supieron que Glenn Cunningham corría la milla en 4:09 tuvieron una seria conversación. Él corría de media unos ocho segundos más lento que el tiempo de Cunningham, lo que equivalía a llegar unos 70 metros por detrás en la carrera.

Louie no disponía del tiempo de entrenamiento suficiente como para superar esa diferencia. Fue un momento amargo. Torrance estaba pendiente de él, y le animaba para que fuese su representante en las olimpiadas, pero él sabía que no tenía el margen que necesitaba para superar las pruebas. Finalmente, Pete le sugirió que se preparase para los Juegos olímpicos de 1940. Por entonces tendría veintitrés años, una edad más cercana a la de los mejores corredores de la milla del país. Sabía que Pete tenía razón. Aquel año no habría para él unos Juegos olímpicos. Intentó olvidar su decepción yéndose de fiesta con los muchachos de la fraternidad Kappa Sigma.

El 8 de mayo, mientras hojeaba el Los Angeles Times, llamó su atención un artículo sobre la llamada «Carrera Compton», en la que se participaba por invitación. Se iba a celebrar en Los Ángeles dos semanas después, y en ella iba a competir Norman Bright, el segundo corredor más rápido de todo Estados Unidos de la distancia de 5000 metros.

—Mira, Norman Bright va a correr en el Coliseo de Los Ángeles dentro de dos semanas —le dijo a Pete.

—¿Quieres ir a verlo? —le preguntó éste.

Louie no estaba seguro. Norman Bright y Don Lash, habían obtenido tan buenas marcas que tenían casi aseguradas dos de las tres plazas de 5000 metros en el equipo olímpico estadounidense.

—¡Mejor todavía, tienes que competir, Toots! Inténtalo. Por supuesto, Don Lash estará en el equipo, pero si consigues pegarte a Bright, ¡la tercera plaza puede ser tuya!

Louie negó con la cabeza.

—Pete, estás hablando de 5000 metros, es decir, tres millas y 188 yardas. Mi especialidad es la milla, ¿recuerdas? Yo doy cuatro vueltas a la pista. ¿Crees que voy a conseguir dar doce por arte de magia?

Pete puso sus manos sobre los hombros de Louie.

—Esta es tu mejor oportunidad; lo presiento —dijo.

—¿Realmente lo crees?

—¿Qué puedes perder? Yo te prepararé. Estás en una gran forma, pero no vas a conseguir entrar en el equipo de la milla. Intentemos esto otro. ¿Acaso tienes entre manos alguna otra cosa más importante que unos Juegos olímpicos?

Era una pregunta interesante. Lo cierto era que no tenía mucho que hacer hasta que empezasen las clases.

—¿En serio? ¿De verdad crees que podemos hacerlo? Solo quedan dos semanas de entrenamiento.

—¿Qué hacemos entonces aquí sentados? —dijo Pete con una sonrisa—. Hagamos de ti un corredor de 5000 metros.

A Louie le encantó lo tremendo del desafío. Entrenó tan duro que se despellejó los dedos de los pies, pero siguió adelante. Trabajó incansablemente para prepararse para la carrera.

Un par de semanas más tarde, mientras se preparaba para tomar la salida de los 5000 metros, diez mil espectadores ocupaban sus asientos en el Coliseo para contemplar la carrera, y Louie repasaba a toda velocidad en su mente las instrucciones que Pete le había dado. A Norman Bright le gustaba conservar sus energías durante el recorrido, ahorrando fuerzas para un sprint final antes de la meta, y su hermano le había dicho que se pegase a Norman todo lo que pudiera y, al comenzar la última vuelta, realizase un fuerte sprint hasta la meta. Él se quedaría en el interior de la pista para avisarle cuando solo faltase una vuelta.

Nada más dar el pistoletazo de salida, Louie se pegó a Norman Bright. Algunos de los corredores empezaron a quedarse atrás, situándose él y Norman solos por delante. Ambos siguieron emparejados todo el recorrido y, a la señal de Pete de que era la última vuelta, Louie esprintó, dejando atrás a Norman. Sin embargo, Pete había contado mal y en realidad todavía estaban en la penúltima vuelta. Norman adelantó a Louie mientras la multitud vitoreaba. Luego éste volvió a adelantar a Norman. Los dos corredores siguieron adelantándose entre sí alternativamente. Norman corría por la línea interior

y Louie por el exterior. Sabía que su adversario se
estaba cansando. Esprintó más rápido y tomó la cabeza mientras se dirigían por la última recta hacia
la meta. Cuando los dos corredores estaban a punto
de doblar a otro participante los jueces de la carrera
le hicieron señas a éste para que se echase hacia su
derecha, con tan mala fortuna que, al hacerlo empezó a correr justo delante de Louie. Para evitar un
encontronazo con él, Louie tuvo que echarse todavía
más a la derecha, pero el corredor de delante hizo
lo mismo. Louie cambió de estrategia y dio un paso
a su izquierda para intentar adelantarlo por dentro,
pero perdió el equilibrio y tuvo que poner la mano en
la pista durante un momento. Cuando recuperó el
equilibrio se dirigió al carril interior. Norman se había adelantado bastante, y Louie tuvo que poner en
juego todas sus fuerzas para esprintar e intentar alcanzarlo. La multitud quedó entusiasmada cuando
Louie empezó a ganar terreno a Norman, alcanzán-
dolo en la mismísima línea de meta. Al final Norman
cruzó la meta apenas cinco centímetros por delante
de él.

Louie estaba exultante. Tanto él como Norman
Bright habían corrido la carrera de 5000 metros
más rápida aquel año de los Estados Unidos, una
hazaña que garantizaba a ambos corredores una
plaza en las pruebas para formar parte del equipo
olímpico. Apenas podía creer lo bien que le había
ido, parecía un sueño. Había conseguido mantenerse al ritmo de Norman a lo largo de toda la
prueba, y pronto estaría cruzando con él el país
para llegar a Randall's Island, Nueva York, donde iban a celebrarse las pruebas para los Juegos
olímpicos.

Lo único que le preocupaba es que estaría solo. Pete había sido siempre su compañero fiel y entrenador. ¿Cómo lo conseguiría sin él? A Pete le hubiese costado demasiado tiempo y dinero acompañarlo a Nueva York, aunque eso no impidió que Louie se lo rogase. Sin embargo, su hermano siempre le respondía lo mismo:

—Ha llegado el momento de que hagas las cosas por ti mismo. Te irá bien. Yo estaré escuchando por la radio; apuesto que todo Torrance hará lo mismo.

En efecto, Torrance ofreció su apoyo a Louie. Los dueños de las tiendas donaban ropa y artículos de tocador, los ciudadanos ofrecieron dinero, y la compañía de ferrocarril Southern Pacific le entregó un pase gratuito con el que podía viajar adonde quisiera, dentro de los Estados Unidos, durante todo un año. Además, la Cámara de comercio de Torrance le regaló una maleta. Louie se angustió al ver grabadas en su parte superior, con grandes letras, las siguientes palabras: «Louis Zamperini, Tornado Torrance, Torrance, California». Sabía que aquello haría que le tomasen el pelo.

El viernes 3 de julio de 1936, un gran grupo de ciudadanos de Torrance le acompañó hasta la estación de tren en Los Ángeles. Allí se habían reunido muchos otros atletas de la costa oeste para tomar el tren. Entre un montón de vítores, confeti, y palmadas en la espalda, Louie subió a bordo del convoy, saludó por última vez a sus padres y a Pete, y fue a ocupar su asiento. Iba a cruzar en tren el país de costa a costa, ¡y tenía pasaje! Era una sensación novedosa. Recordó la vez, cuatro años antes, cuando él y Johnny habían escapado de casa y saltado a un furgón de mercancías que se dirigía hacia el norte.

Se acordó de cómo, estando bajo la lluvia a las afueras de San Francisco, había visto pasar el coche restaurante de un tren y le había dicho a Johnny:

—Un día yo seré como ellos. Viajaré elegantemente vestido en un tren y comeré en un vagón restaurante como ese. Pediré todo el menú, todo lo que quiera.

Ahora se encontraba en un tren con coche restaurante y podía pedir el menú. Eso le hizo sentir bien. Había recorrido un largo trecho desde entonces, pero todavía tenía por delante mucho que superar para poder participar en los Juegos olímpicos de Berlín. El viaje a través del país le llevó cuatro días, incluyendo una larga parada en Chicago para que los atletas pudieran hacer ejercicio en las instalaciones Stagg Field, de la Universidad de Chicago. En la «Ciudad del viento» hacía mucho calor, un calor increíble, con temperaturas que alcanzaban los 40°C. Louie había oído hablar de la ola de calor que recorría gran parte de Estados Unidos, que era la peor que había experimentado el país desde que se habían empezado a tomar datos meteorológicos, en 1895.

Respecto a la maleta, estaba en lo cierto: todo el mundo le gastaba bromas con ella. Llegó a transformarse en un ritual que los atletas la enseñasen por la ventanilla al entrar en una estación, y gritasen: «Miren, llevamos a Tornado Torrance abordo».

Cuando el tren se detuvo al fin en la estación de Penn, Nueva York, la temperatura era de más de 40°C. El titular del *New York Times* anunciaba que el día anterior doce personas habían muerto en la ciudad debido a golpes de calor. Desde la estación, Louie recorrió ocho manzanas hasta el hotel Lincoln, en la octava avenida, donde él y Norman compartirían los gastos de una habitación. Una vez hubiese sido seleccionado el equipo de Estados Unidos, el Comité olímpico pagaría los costes de alojamiento, viaje, y comida de los atletas seleccionados. Pero hasta entonces, cada uno de los atletas tendría que costearse sus propios gastos. Louie se sentía muy agradecido por el billete gratis de tren y por el dinero que los hombres de negocios de Torrance habían recaudado para él. Tenía la esperanza de que compartir una habitación con Norman en el piso 27 de un hotel de 1331 habitaciones, el más grande de la ciudad, le ayudaría a reducir sus gastos todo lo posible.

Norman había llegado a Nueva York unos días antes para competir en una carrera de 10.000 metros. Le dijo a Louie que hacía demasiado calor para correr en el exterior, pero ¿qué otra opción tenían, con las pruebas para los juegos si faltaban tan sólo unos días? Louie estuvo de acuerdo. No había parado de sudar desde su llegada al hotel, y eso que sólo había caminado despacio por la calle. Norman le dijo que la pista estaba tan caliente que los clavos de sus zapatillas le quemaban las plantas de los pies, que habían acabado magullados y llenos de ampollas.

La habitación de hotel era minúscula, y la puerta apenas tenía una pequeña apertura en la parte superior. En su interior el aire era sofocante, y Louie empezó a preguntarse cómo iba a poder competir al aire libre con tanto calor. Estaba seguro de que todos los atletas que habían llegado a Nueva York para las pruebas olímpicas estarían pensando lo mismo.

Una vez instalado, se sentó en la cama y empezó a ojear la sección de deportes del New York Times. Se fijó en las predicciones de los periodistas deportivos sobre qué corredores terminarían los 5000 metros, que se iban a correr el domingo 12 de julio. ¡No tardo en darse cuenta de que ni siquiera le mencionaban! El periodista centraba toda su atención en los corredores de la costa este. Esto le llenó de indignación, y escribió a Pete lo siguiente: «Los periódicos de aquí dan la lista de ganadores para los 5000 metros del domingo: (1) Lash, (2) Bright, (3) Lochner, (4) Ottey, (5) Deckard, y ni siquiera saben que estoy aquí... si mis fuerzas no me abandonan debido a todo este calor, venceré a Bright y le daré a Lash el mayor susto de su vida, entonces sí que apareceré en los periódicos».

Aquella noche, apenas consiguió dormir. Su cama era estrecha, en la habitación hacía demasiado calor, y en el exterior los sonidos de la ciudad nunca se detenían. A pesar de no haber dormido bien, a la mañana siguiente se levantó temprano para entrenar. Pero, incluso durante las primeras horas del día, hacía tanto calor que era casi imposible beber el líquido necesario para evitar la deshidratación. Además, a pesar de comer todo lo que pudo, perdió peso por causa del esfuerzo exigido para entrenar en aquellas condiciones. Con su metro ochenta de estatura, pesaba 63 kilos cuando subió el tren en Los Ángeles. Tras pasar tres días en Nueva York su peso había bajado hasta los 60 kilos, y continuaba descendiendo.

El único consuelo que le quedaba era pensar que todos los corredores, incluidos sus adversarios, tendrían que luchar en las mismas condiciones. Uno de sus compañeros compró una entrada de cine de sesión continua que le permitía pasar en la sala las 24 horas del día, así que pudo acomodarse en uno de los pocos edificios con aire acondicionado de toda la ciudad. Louie no tenía dinero para una entrada de ese tipo, pero si lo hubiese tenido, se habría instalado en un cine sólo para huir del calor.

Cinco días después de su llegada a Nueva York, por fin llegó el momento de la verdad. Las pruebas olímpicas habían empezado el día anterior, con la ceremonia oficial de inauguración del estadio de Randall's Island, construido para tal efecto. El día de la carrera de 5000 metros fue otro día de calor abrasador. Louie y Norman salieron juntos del hotel y tomaron primero un autobús hacia East River, y después un barco río arriba hasta Randall's Island. A pesar del intenso calor, miles de espectadores se agolpaban en el estadio para contemplar la programación del día.

Louie respiró profundamente e intentó relajarse, a la espera que comenzase la carrera de los 5000 metros. Iban a participar doce corredores, y estaba seguro de que si Pete hubiera estado allí, le habría aconsejado que conservase sus energías para el final, que se colase por la calle interior detrás de los corredores que fuesen cabeza, y permaneciese lo suficientemente cerca de ellos. Se tranquilizó a sí mismo, pensando que no tenía por qué vencer a Don Lash, el favorito de la carrera. Si conseguía terminar en segundo o tercer lugar, conseguiría su plaza en el equipo olímpico de Estados Unidos.

Cuando avisaron de que iba a comenzar la carrera de los 5000 metros, ocupó su lugar en la línea de salida. Nada más dar la partida, se colocó en la posición que había planeado. Don Lash, se puso al frente, con Norman Bright dándole caza. Varios otros corredores, incluyendo a Tom Deckard, también iban en el pelotón de cabeza.

Bajo sus pies, la pista quemaba como el infierno, pero él siguió avanzando. No obstante, el calor hizo su efecto en algunos de los participantes. Uno de los corredores del pelotón de cabeza se derrumbó, debido al agotamiento producido por el calor, y Louie tuvo que saltar por encima de él. Más tarde, el calor empezó a pasarle factura a Norman Bright, que piso fuera de la pista y antes de conseguir recuperar el equilibrio se había torcido el tobillo. Louie pasó junto a su compañero de habitación y le animo a continuar adelante, pero Norman estaba agotado:

—No puedo hacerlo —dijo—. Haz tu carrera. Continúa sin mí.

Louie llegó a la última vuelta en tercera posición. Le iba ganando terreno a Don Lash, que a su vez corría justo detrás de Tom Deckard. Por un momento, Louie perdió la concentración y no esprintó para tomar el liderazgo de la carrera cuando debía hacerlo. Al salir de la última curva, se dio cuenta de que estaba ante su última oportunidad. Justo ese momento Don adelantó a Tom, lo que obligó a Louie a pasarse a la tercera calle para adelantar a Tom, haciéndole perder un tiempo precioso. Louie volvió lo más rápido que pudo al segundo carril, y dedicó cada gota de sudor a esprintar hacia la meta. Don y él la cruzaron emparejados.

Louie respiro profundamente a la espera de los resultados oficiales. Pensó que al estar ganándole terreno a Don en el momento en que cruzaron la línea de meta, habría ganado la carrera. Pero cuando el programador dio los resultados, Don había ganado y él había quedado en segundo lugar. Norman siguió corriendo, y llegó el quinto. Un tercio de los corredores que empezaron la carrera no consiguieron terminarla. La mayoría de ellos tuvieron que abandonar debido al calor.

Se dirigió hacia el vestuario un poco abatido por el resultado. Sin embargo, unos momentos después uno de los jueces entró corriendo y le llevó de vuelta a la pista, donde le entregó un certificado que decía: «Primer lugar». Estaba confuso. El juez le explicó que tras haber revisado la película del final de la carrera los jueces habían declarado empate. Tanto él como Don habían terminado primeros. Cuando comprendió que no solamente había empatado con Don Lash, el plusmarquista estadounidense de la distancia, sino que también había conseguido una plaza en el equipo olímpico de los Estados Unidos sintió que le invadía una ola de gozo. ¡Tres días después partiría hacia Berlín para participar en los juegos de la decimoprimera olimpiada!

El resto del día fue un torbellino. Con solo 19 años de edad, todavía estaba registrado como corredor del colegio Torrance, y había pasado de esperanza olímpica a héroe en tan sólo una carrera. Al llegar al hotel le esperaban 16 telegramas. Aquella misma noche un hombre de negocios de Nueva York se lo llevo a cenar. Cuando volvió a su habitación, Louie no resistió la tentación de contar su experiencia en una carta abierta al Torrance Herald: «He cenado en el restaurante de un rascacielos donde el precio de ambas comidas, la del tipo que me llevó y la de mi [sic], ha sido de siete dólares. Chicos, que sitio tan lujoso».

Los tres días pasaron volando. Louie se reunió con los miembros del Comité olímpico y los demás atletas que formaban parte del equipo. Entre ellos había algunos a los que había admirado desde que empezara a correr en el colegio. Cuando los atletas se sentaron para rellenar los formularios para los visados de entrada en Alemania, a él le tocó hacerlo frente a la persona que más había admirado desde que era pequeño, Glenn Cunningham, lo que le hizo sentir como si estuviese soñando. Era emocionante compartir cola para tomar las medidas para el uniforme junto a atletas como Jesse Owens y Frank Wykoff, medallistas de oro en los 400 metros relevos de los dos Juegos olímpicos anteriores.

Los uniformes fueron un problema. Todo el mundo había perdido peso compitiendo durante aquella ola de calor. Louie marcó en la balanza 57 kilos, 7 menos que al salir de Los Ángeles. Los pantalones blancos y el jersey azul marino con el escudo olímpico en cada botón le quedaban holgados. Esperaba recuperar algo de peso durante el viaje de nueve días a través del Atlántico hasta Hamburgo, en Alemania.

El miércoles 15 de julio de 1936, a mediodía, el *SS Manhattan* partió hacia Alemania con los 334 miembros del equipo olímpico estadounidense a bordo. Antes de subir al barco, Louie tapó las palabras «Tornado Torrance» de su maleta. No quería que sus compañeros olímpicos se pasasen todo el viaje gastándole bromas.

Mientras subía a bordo del barco por la pasarela en el atracadero 60 del río Hudson, una banda de música tocaba en el muelle, los fotógrafos de los periódicos inmortalizaban el momento y los camarógrafos tomaban imágenes para los noticieros de los cines. Miles de neoyorquinos se agolpaban junto al muelle agitando banderas de Estados Unidos. Era la primera vez que viajaba en un barco de línea oceánico y tuvo que admitir que el *SS Manhattan* era un navío impresionante. La nave tenía casi 204 metros de eslora y pesaba 24.289 toneladas. Su casco negro y su superestructura blanca resplandecían a la luz del sol, y sus dos chimeneas gemelas estaban decoradas en su parte superior con bandas blancas y azules. Tanto el barco como el muelle estaban decorados con multitud de banderines de color rojo, blanco y azul; y al subir a bordo le dieron una pequeña bandera estadounidense para que la ondeara desde cubierta en el momento de la partida.

Tras guardar su equipaje, se reunió con el resto del equipo olímpico en cubierta. Era mediodía, y al asomarse por la barandilla pudo ver a la multitud abajo vitoreando: «¡Hurra, hurra, hurra! ¡Viva el equipo de Estados Unidos!». La banda de música interpretó el himno nacional y se soltaron las amarras de proa y de popa. Unos remolcadores empezaron a empujar al barco lejos del muelle, hacia la corriente principal del río. Louie agitó la bandera hasta que los cánticos de la multitud empezaron a desvanecerse en la distancia.

El *SS Manhattan* empezó a descender el río Hudson, y navegó a lo largo de la costa occidental de la isla de Manhattan, con la Estatua de la libertad a estribor. Louie agradeció la brisa fresca que recorría la cubierta. Mientras el barco se alejaba de Nueva York, él se preguntaba qué cosas le aguardarían, y cuál sería su desempeño como miembro del equipo olímpico de EE.UU.

Capítulo 7

El chico de los finales rápidos

La primera noche en el mar, tumbado en su litera escuchando el zumbido de los motores y el batir del océano contra el casco, Louie se maravilló de haber conseguido entrar en el equipo. Todo el trabajo duro y el sacrificio habían valido la pena. Él, Louie Silvie Zamperini, iba de camino a Berlín para competir en unos Juegos olímpicos.

A la mañana siguiente salió a inspeccionar el barco. Muchos de los miembros del comité olímpico iban alojados en cabinas de primera clase, en las cubiertas superiores, donde sólo se permitía la presencia de los atletas para que entrenasen en la cubierta de paseo, que daba toda la vuelta al navío. Allí se entrenó, esquivando tumbonas y pasajeros. Los atletas aprovechaban para sus entrenamientos casi cualquier

71

espacio exterior disponible a bordo. Había ciertos deportes para los que entrenar en un barco constituía todo un reto. En el caso de los gimnastas, mantener el equilibrio en la barra mientras el *SS Manhattan* se balanceaba de lado a lado por culpa del oleaje era una misión casi imposible. En cuanto a los baloncestistas, el viento desviaba una y otra vez sus tiros a canasta durante sus prácticas en la cubierta superior. No pudo evitar una carcajada al ver entrenar en la piscina al equipo de waterpolo. El movimiento constante del barco hacía que se formaran grandes olas en la superficie, y era como si los jugadores intentaran surfear con su cuerpo sobre ellas.

Louie se puso como objetivo dar un determinado número de vueltas a la cubierta de paseo todas las mañanas. Después, se dedicaría a comer montañas de comida. La oferta gastronómica del barco era apabullante. Cada comida era como un banquete y, como todo era gratis, suponía una tentación imposible de resistir. Un día se tomó el mayor almuerzo de su vida, y para dejar constancia de ello anotó en una servilleta que se había bebido medio litro de zumo de piña y dos tazones de sopa, y comido cuatro bollos, cuatro pepinillos, dos raciones de pollo y boniatos, tres platos de helado con galletas, una manzana, un plato de cerezas, una naranja y tres porciones de torta de ángel. Louie recuperó rápidamente los kilos que había perdido entrenando y corriendo durante la ola de calor.

Los miembros del equipo olímpico pasaron toda la travesía del Atlántico entrenando, comiendo y divirtiéndose. Cuando al fin llegaron a Europa, el barco tocó puerto en Le Havre, en la costa norte de Francia, con el fin de cargar y descargar mercancías.

Era la primera vez que Louie veía el continente europeo. Los atletas permanecieron a bordo durante toda su estancia en puerto, y Louie se contentó con observar por la borda a los hombres con boina y a las mujeres que pasaban montando en bicicleta y saludaban con la mano. Se preguntó qué habrían sentido sus abuelos y su padre al cruzar el Atlántico en dirección opuesta, y desembarcar en Estados Unidos imbuidos del sueño de una vida mejor. Ahora él estaba de vuelta a Europa, con el sueño de ganar una medalla en los Juegos olímpicos para el país de adopción de su familia.

El 23 de julio, sobre la hora de la cena, el *SS Manhattan* llegó a la desembocadura del río Elba. Mientras ascendía el curso del río camino a Hamburgo, Louie permaneció en cubierta contemplando el paisaje de Alemania que se desplegaba a ambos lados del barco. Muchedumbres de alemanes se alineaban en las orillas saludando y vitoreando, a medida que el barco se deslizaba a la luz de la luna.

A las diez de la mañana siguiente, vestido con el uniforme oficial del equipo olímpico de EE.UU.: (camisa y pantalones blancos, chaqueta azul marino y sombrero blanco de paja, de los llamados canotié), esperó el momento de desembarcar. Fueron recibidos por una multitud entusiasta. Sobre el muelle tocaban bandas de instrumentos de viento, y niñas pequeñas vestidas con hermosas blusas corrían a ofrecerles ramos de flores. Louie saludó a la multitud mientras subía al autobús camino del primer acto de recepción oficial del equipo, al que le siguieron otros actos de bienvenida, hasta que, finalmente, el equipo fue conducido a un tren con destino a Berlín. Durante el trayecto, Louie pensó en la gran cruz gamada roja pintada sobre la carrocería negra del tren. En la escuela nunca había mostrado interés por las ciencias sociales, pero, a pesar de ello, un escalofrío le recorrió la espalda. Ahora se encontraba en la Alemania de Hitler, y por entonces el mundo asistía petrificado a algunos cambios ominosos. En marzo, Hitler había desplazado tropas hasta Renania, remilitarizando la zona. Esto suponía una clara violación del tratado de Versalles, el acuerdo de paz firmado tras la Gran Guerra finalizada en 1918. En mayo, tras seis meses de lucha, las tropas italianas habían ocupado Etiopía. Y tan solo dos semanas antes, había estallado una repugnante guerra civil en España.

Cuando el tren llegó a la estación de Berlín, allí les esperaban más bandas de música, más multitudes y más aclamaciones. El equipo estadounidense fue trasladado en autobuses descubiertos por Unter den Linden, pasando por la puerta de Brandeburgo y el palacio de Charlottenburg. Desde su lugar en el autobús, Louie tenía una vista espléndida. No parecía haber nada fuera de su sitio, las calles estaban perfectamente limpias y no podía verse ni un papel en el suelo. Todos los edificios de Berlín estaban adornados con grandes banderas rojas y negras con la esvástica. Los alemanes se congregaban a los lados de las calles, cantando, saludando y vitoreando a medida que pasaban los autobuses.

Cuando el equipo llegó a la nueva villa olímpica en Charlottenburg, Louie quedó fascinado por las instalaciones. Bosques de hayedos y pintorescos lagos rodeaban las casitas de los atletas y daban al paisaje un aspecto de cuento de hadas. Su sensación de estar en un cuento de hadas se acentuó cuando supo que uno de sus compañeros de habitación sería Jesse

Owens, quien competiría en las carreras de velocidad de 100 y 200 metros, en los relevos de 4 x 100 y en el salto de distancia. Jesse era considerado favorito para obtener la medalla de oro en cada una de estas pruebas. A Louie le habría encantado que Pete estuviese allí para compartir con él aquella experiencia.

Aún faltaba una semana para que se inaugurasen oficialmente los Juegos olímpicos, y Louie aprovechó este plazo para entrenar duro y analizar la prueba de los 5000 metros. Todo el mundo estaba de acuerdo en que los finlandeses eran el equipo a batir. Los corredores de Finlandia habían ganado la medalla de oro de los 5000 metros en las tres olimpiadas anteriores. En esta ocasión competirían con Lauri Lehtinen, medallista de oro en los Juegos olímpicos de Los Ángeles, Gunnar Höchert e Ilmari Salminen. Todos eran mayores que Louie y tenían más experiencia. Aunque era consciente de que sería muy difícil batirlos, Louie estaba decidido a dar lo mejor de sí.

El sábado 1 de agosto de 1936, los atletas fueron conducidos a la ceremonia de apertura en el estadio olímpico. Al contemplarlo por primera vez Louie quedó impresionado. El lugar era enorme, de hecho era el mayor estadio del mundo, con capacidad para 110.000 espectadores. Los atletas formaron por países sobre el Maifeld, un extenso prado en el exterior del estadio, a la espera de que diese comienzo la ceremonia oficial. Mientras aguardaban, pudo ver al dirigible Hindenburg pasar volando majestuosamente sobre el estadio llevando una bandera olímpica.

A las 15:45 llegó Adolf Hitler y fue conducido hasta su tribuna en el interior del estadio. Una orquesta interpretó el himno alemán y los equipos olímpicos, encabezados por el equipo griego, tal y como marca la tradición, empezaron a desfilar hacia el interior en fila de a ocho. Louie esperó pacientemente mientras los equipos iban entrando en el estadio en orden alfabético. Al llegar el turno del equipo de Estados Unidos, Louie se ajustó el canotié, mantuvo la cabeza alta y desfiló tras la bandera de las barras y las estrellas.

El interior del estadio lo dejó impresionado. Nunca había visto tanta gente junta en un solo lugar. La multitud saludaba y aclamaba al equipo estadounidense. Al pasar por delante de Hitler, el líder del país anfitrión, se suponía que tenían que dirigirle el saludo olímpico, levantando el brazo derecho extendido hasta la altura del hombro, con la palma de la mano hacia abajo. Sin embargo, como este gesto se parecía bastante al saludo nazi, el equipo estadounidense había decidido con antelación que no lo haría. En lugar de ello, tanto él como los demás miembros del equipo se quitaron los sombreros y se los pusieron sobre el corazón, mientras las aclamaciones se iban apagando.

Una vez que todos los equipos ocuparon su lugar sobre el campo, Hitler se acercó al micrófono y declaró oficialmente inaugurados los juegos de la decimoprimera olimpiada. En ese momento se soltaron veinte mil palomas y fuera del estadio sonó una salva de cañonazos. Un corredor solitario entró en el recinto por la puerta oriental llevando una antorcha encendida. Corrió a lo largo de la pista y subió las escaleras hasta el extremo opuesto del estadio donde le esperaba un gran recipiente de metal. Al tocarlo con la antorcha, el pebetero se incendió en llamas. La multitud aplaudió entusiasmada. La ceremonia de apertura había finalizado. Louie nunca había experimentado algo igual. De regreso en

Torrance, nunca encontraría las palabras adecuadas para describírselo a su familia.

Algo más tarde aquella misma noche, anunciaron que el lugar de celebración de los siguientes Juegos olímpicos sería Tokio. Louie sonrió al escuchar la noticia. El equipo japonés era el favorito de todos en la villa olímpica, en parte debido a su afán por repartir regalos a casi todos los que tenían algún contacto con ellos, y se preguntó cuán más generosos serían el día en que los juegos se celebrasen en su propio país. Se prometió a sí mismo que se esforzaría mucho para estar allí representando a Estados Unidos en su distancia preferida, la milla.

La competición comenzó al día siguiente, y pudo tomarse un tiempo libre para ver correr a Jesse Owens, su compañero de cuarto, en la prueba de velocidad de los 100 metros. Jesse ganó las carreras de clasificación por un amplio margen, y un día más tarde obtuvo la medalla de oro en la final. También vio correr los 1500 metros a Glenn Cunningham. La competencia fue feroz. Los primeros cinco corredores en clasificarse para la final batieron todos el récord olímpico, y entre ellos estuvo Glenn, que consiguió quedar segundo. Sin embargo, fue un neozelandés, Jack Lovelock, quien se llevó toda la atención. Vestido con su singular camiseta negra adornada con un gran helecho de plata, salió disparado hacia la primera posición, obteniendo un registro de 3:47.8; nuevo récord del mundo. Louie se puso como objetivo conseguir batir esa marca en las olimpiadas de 1940.

El 4 de agosto le llegó a Louie el turno de correr. Los 5000 metros tenían tres carreras clasificatorias en las que los cinco primeros de cada una lograban un puesto para la final, que se iba a disputar tres

días después. Aunque no estaba seguro de poder
batir a los finlandeses, estaba convencido de poder
llegar a la final. Le tocó correr en la tercera carrera,
junto con el finlandés Lauri Lehtinen, y Louie acabó quinto, clasificándose por los pelos. No obstante,
cuando vio el tiempo que había marcado, su ánimo
mejoró mucho. Su tiempo era mucho mejor que el
del resto de los clasificados en quinto lugar, y sus
15:02.2 eran incluso mejores que el tiempo registrado por Gunnar Höckert, el ganador de la segunda
carrera de clasificación. Don Lash consiguió también clasificarse, con un tiempo de 15:04.4.

La final de los 5000 metros se celebró el viernes
7 de agosto. Cien mil espectadores, entre los que se
encontraba Adolf Hitler, se encontraban en el estadio para ver la carrera. Louie estaba nervioso, era la
carrera más importante de su vida.

Nada más empezar, Louie se situó en medio del
pelotón de corredores y mantuvo un ritmo constante. Don Lash se puso de inicio en cabeza, con
los tres corredores finlandeses tras él, y la carrera permaneció así un buen número de vueltas. En
un determinado momento, Louie notó que Don y los
finlandeses empezaban a separarse del pelotón, así
que quiso aumentar el ritmo para impedir que los
que iban en cabeza quedaran fuera de su alcance,
pero, por alguna razón, no pudo hacerlo. Empezó a
sentir su cuerpo pesado y lento; se estaba cansando
y no podía alcanzar su velocidad normal. Retrocedió
hasta la duodécima plaza, ahora solo tres corredores iban por detrás de él.

Louie se dio cuenta de que los tres finlandeses
estaban ya demasiado lejos como para que pudiese alcanzarlos. Habían sobrepasado a Don, que

empezaba a perder posiciones en el grupo. Mientras corría, Louie pensó en algo que Pete le había dicho muchos años antes: «Recuerda, una vida de gloria bien vale un momento de dolor». Pete tenía razón. Estaba compitiendo en una final de los Juegos olímpicos. ¿Cómo quería que le recordaran?

Al empezar la penúltima vuelta Louie supo que había llegado el momento del dolor. Al forzar sus piernas a moverse más rápido y ganar velocidad, empezó a sobrepasar a otros corredores. Al iniciar la última vuelta, se obligó a ir todavía más rápido, y al dar la última curva ya esprintaba a máxima velocidad. Mientras se aproximaba a la línea de meta pensó que podría adelantar al corredor italiano Umberto Cerati, pero no pudo. Acabó en octavo lugar. Gunnar Höckert y Lauri Lehtinen terminaron primero y segundo, y el corredor sueco Henry Jonsson acabó en tercer lugar. Ilmari Salminen, el otro corredor finlandés, tropezó durante la carrera y llegó sexto, mientras que Don Lash acabó decimotercero. El tiempo final de Louie fue de 14:46.8; la mejor marca del año para aquella distancia de un corredor estadounidense. Al ver los tiempos de cada una de sus vueltas individuales se quedó asombrado al ver lo rápido que había corrido la última: 56 segundos. Para una última vuelta, cualquier tiempo por debajo de 70 segundos se consideraba rápido. De hecho, nunca nadie antes que él había corrido la última vuelta de una carrera olímpica de 5000 metros en ese tiempo. Louie estaba eufórico. Pete tenía razón, unos pocos momentos de dolor habían valido la pena.

Tras acabar la carrera Louie se dio una ducha, se cambió de ropa y se sentó en las gradas del estadio junto con otros atletas estadounidenses para ver la final de los 110 metros obstáculos masculinos. Los atletas encontraron un lugar donde sentarse que estaba cerca de la tribuna construida para Hitler y sus acompañantes. Mientras esperaban a que empezase la carrera uno de los atletas les llamó la atención hacia el hombre pálido, delgado y de rostro alargado y tenso que se sentaba cerca de Hitler, y dijo:

—Ese es Joseph Goebbels, el ministro de propaganda.

Louie se extrañó, no estaba seguro de cuál era la función de un ministro de propaganda, pero quería sacar una foto del canciller alemán, y como Goebbels se sentaba cerca, Louie se le acercó y le dio su cámara para que sacase una foto de Adolf Hitler.

—¿Cómo se llama usted y en qué prueba compite? —preguntó Goebbels.

—Me llamo Louis Zamperini, y acabo de correr la final de los 5000 metros —respondió Louie.

Goebbels asintió, tomó la cámara de Louie y sacó una foto del canciller. Louie vio como susurraba algo al oído de Hitler. Al devolverle la cámara, Goebbels le dijo:

—El führer quiere conocerlo.

Unos momentos después, Louie se encontró a sí mismo en el espacio situado directamente frente a la tribuna de Adolf Hitler, quien iba vestido con un uniforme inmaculadamente planchado. El führer se inclinó hacia delante y se acercó a Louie, que alargó el brazo y estrechó su mano. Entonces, Hitler le dijo:

—Ah, sie sind der Junge mit dem schnellen Endspurt.

Un intérprete se giró hacia Louie y le dijo:

—Nuestro führer dice: «Ah, tu eres el muchacho que finaliza tan rápido».

Louie sonrió, era buena descripción que llevarse a casa.

Al día siguiente, una vez completada su participación en las olimpiadas, decidió aventurarse por Berlín. Tenía muchas ganas de probar la cerveza alemana, de la que tanto había oído hablar. Él y otro de los atletas estadounidenses se pusieron sus uniformes olímpicos y tomaron un autobús en dirección al centro de la ciudad, donde encontraron una cafetería tranquila en la que relajarse.

Más tarde, decidió que había llegado el momento de encontrar un buen suvenir que llevarse a casa. Ambos atletas paseaban por la Wilhemstrasse cuando vieron a un Mercedes negro detenerse frente a un edificio al otro lado de la calle. Adolf Hitler descendió del coche y entró en el edificio. Mientras observaban a Hitler, Louie se fijó en la pequeña bandera nazi situada sobre la puerta por la que había entrado el canciller, y decidió que aquella bandera sería el suvenir perfecto. Se quedó mirando a los guardias que custodiaban el edificio y vio que marchaban perfectamente sincronizados. Primero se alejaban de la puerta en direcciones opuestas, y después se giraban y volvían a juntarse de nuevo. Louie contó el número de segundos que ambos guardas pasaban dándose la espalda el uno al otro y a la bandera. Estaba seguro de tener tiempo suficiente para correr, agarrarla, y huir rápidamente.

Se preparó para actuar y, tan pronto como los guardas se dieron la espalda, se puso en movimiento. Al llegar a la puerta dio un salto para agarrar la bandera, pero estaba demasiado alta. Lo intento de nuevo, olvidando totalmente que los guardas estaban a punto de girarse. Cuando al fin logró sujetar una de sus esquinas, perdió el equilibrio y cayó al suelo, arrastrando la bandera, que cayó encima de él. Con ella en la mano, dio un salto y comenzó a correr.

Bang, se escucho el sonido de un disparo, y después la voz de uno de los guardas gritando:

—Halten sie! Halten sie!

En aquel momento, Louie pensó con suficiente claridad como para darse cuenta de que, aun habiendo corrido la vuelta final de los 5000 metros más rápida de la historia de los Juegos Olímpicos, no conseguiría superar la velocidad de una bala, así que se detuvo inmediatamente.

Una mano agarró a Louie por el hombro y le hizo girarse. Louie se encontró cara a cara con un guardia nazi muy enfadado. Pensó que era una suerte llevar puesto el uniforme olímpico; esperaba que el guardia se lo pensase dos veces antes de maltratar a un atleta estadounidense.

—Espere aquí —dijo el segundo guardia girándose y entrando en el edificio.

Mientras esperaba custodiado, Louie se preguntó en que habría estado pensando. ¿Cómo iba a librarse del lío en el que se había metido?

El segundo guardia volvió con otro soldado, evidentemente un oficial.

—¿Por qué quería robar la bandera? —exigió saber el oficial.

Louie le sonrió y respondió con un exagerado acento estadounidense.

—Quería llevarme algo a casa para recordar siempre lo bien que me lo he pasado aquí. Los alemanes han sido muy buenos con nosotros, las ceremonias han sido fantásticas, todo ha sido perfecto. Sólo quería un suvenir que me ayudase a recordarlos siempre.

—¿Eso es todo? —dijo gruñendo el oficial.

—Sí —dijo Louie—. Sólo un suvenir. No sé que estaba pensando. Siento mucho el problema que he ocasionado.

—Está bien —dijo el oficial—. Puedo entender que un joven quiera recordar para siempre los maravillosos juegos de Berlín.

Saludo a Louie y le dijo:

—Vaya y tomé la bandera. Pero no vuelva a intentar algo parecido de nuevo. Lo más normal es que si alguien intenta robar una bandera de la cancillería del Reich reciba un disparo.

Louie le dio una gran sonrisa.

—No, señor. Gracias, señor —dijo guardándose la bandera bajo el brazo y alejándose de allí rápidamente.

Esta será una anécdota estupenda cuando vuelva a casa, pensó.

Capítulo 8

Un sueño hecho pedazos

Cuando el SS Roosevelt con el equipo olímpico a bordo atracó en Nueva York, Louie se enteró de que los periodistas se le habían adelantado y ya contaban la historia de su bandera nazi.

—¡Vaya, han hecho un gran trabajo haciéndome quedar bien! —comentó en broma mientras leía en los periódicos varios relatos de lo sucedido.

En uno de ellos se contaba que había tenido que huir bajo una lluvia de balas. En otro que había caído desde una altura de más de 5 metros tras haber escalado para coger la bandera. El mejor relato de todos afirmaba que dos columnas de guardias nazis lo habían perseguido, capturado, habían confiscado la bandera y lo habían llevado ante Hitler, quien, después de interrogarlo, le había permitido quedarse con ella.

Hubo tanta gente que pidió ver la insignia nazi que Louie empezó a sentirse un poco molesto. Todo el mundo parecía saberlo todo acerca de él. Ahora que era un héroe olímpico, y con todas esas historias absurdas que se contaban a su respecto, se preguntaba cómo encajaría en la vida normal, como alumno de la USC.

Louie quería regresar tranquilo a su hogar, así que no informó a sus padres acerca de su llegada hasta que el tren se detuvo en Chicago. Pero la ciudad de Torrance estaba decidida a dar una gran bienvenida a casa a su «Tornado». En Los Ángeles, al llegar a la Union Station, se encontró con que le estaba esperando el nuevo jefe de policía de Torrance, John Strohe. No tuvo más remedio que subir a su automóvil, que recorrió los 50 kilómetros hasta Torrance con las sirenas y las luces puestas.

Al entrar en los límites de la ciudad, el automóvil patrulla se detuvo cerca de una multitud. Louie pensó que había ocurrido un accidente, pero pronto se dio cuenta de que le esperaban a él. Le pidieron que bajara del automóvil y se sentara para el desfile en un trono blanco situado en la plataforma trasera de un camión. Detrás del coche de bomberos, colgaba una pancarta que decía: «Zamperini vuelve a casa esta noche».

Los automóviles tocaban el claxon y la multitud aclamaba el nombre de Louie. En la plaza principal de la ciudad se pronunciaron varios discursos. El jefe Strohe dio una gran carcajada al palmear a Louie en la espalda y relatar la historia de cómo siendo un policía normal de Torrance había tenido que perseguirlo a menudo.

—Tras haberte perseguido calle arriba calle abajo por todo Torrance, lo normal es que te pusieses en forma —dijo.

Pasaron varias semanas antes de que Louie pudiese pasear por Torrance sin que alguien le parase para estrecharle la mano o pedirle que contara su experiencia durante los juegos olímpicos.

Cuando empezó sus clases en la USC, se alegró de poder dejar de ser el centro de atención. Louie había decidido estudiar educación física para convertirse en profesor de gimnasia de colegio, o trabajar como entrenador universitario. Las cosas empezaron bien. Entrenó duro y consiguió sacar buenas notas.

Mientras estaba en la USC, se puso como objetivo romper el record del mundo universitario de la milla. Glen Cunningham lo había tenido, pero había sido derrotado por Bill Bonthron, de la Universidad de Princeton. Louie quería mejorar el récord de Bill, y su oportunidad de hacerlo le llegó dos años después de haber regresado de Berlín.

El equipo de atletismo de la USC Viajo hasta Minneapolis, Minnesota, en junio de 1938 para participar en el encuentro de la Asociación Nacional de Atletismo Universitario (NCAA, por sus siglas en inglés). Louie se encontraba en su mejor forma física, pero la carrera sería dura. No tardaría en comprobar que había algunos corredores dispuestos a cualquier cosa con tal de verlo perder.

La noche antes de la carrera, tumbado en la cama de su habitación de hotel, le sorprendió que alguien llamase la puerta.

—Adelante —dijo Louie.

John Nicholson, el entrenador de Notre Dame, entró en la habitación. Louie frunció el ceño. Era la última persona a quien esperaba ver.

Tras cerrar la puerta, dijo:

—Louie, siento tener que decirte esto, pero acabo de reunirme con los entrenadores de la costa este y se ha mencionado tu nombre. Están decididos a conseguir que pierdas mañana. Les han dicho a sus muchachos que hagan lo que tengan que hacer para sacarte de la carrera. No se trata de ti; se trata de tu entrenador. Están enemistados con él. Ten cuidado y protégete.

—Puedo cuidar de mí mismo, señor —dijo Louie.

Nada más salir Nicholson, Louie se preguntó si éste no habría malinterpretado la conversación entre los entrenadores de la costa este. Nunca había oído hablar de un corredor universitario que hiciera algo en la pista para dañar a un competidor. Sencillamente, eso era algo que no ocurría.

Al día siguiente, durante la carrera, Louie comprendió que Nicholson sabía perfectamente lo que decía. A mitad de la competencia un grupo de corredores le rodeó y empezó a avanzar con él hombro con hombro, obligándole a correr en grupo y sin espacio por donde colarse y buscar el liderato. De repente, uno de los corredores tropezó con el pie de Louie, atravesándole un dedo con los clavos de la zapatilla. Louie se estremeció de dolor. Unos momentos después, el corredor que iba delante de él comenzó a levantar los talones, dándole tajos en las espinillas. A continuación, el que estaba junto a él le dio un fuerte codazo en el pecho. Louie estaba en estado de shock. No tenía como librarse de aquel grupo y tuvo que seguir corriendo con ellos. Tras dar una vuelta y media apareció un pequeño espacio delante de él y Louie esprintó con todas sus fuerzas, despegándose de los demás corredores y cruzando la línea de meta en primer lugar, con su dedo y su pecho palpitando de dolor y las espinillas sangrando.

Estaba decepcionado. No era la carrera que había esperado. Quería haber marcado el nuevo récord universitario de la distancia, pero debido a los problemas que había tenido en pista sabía que su marca no podía ser buena. Cuando se dio la vuelta para ver su tiempo oficial en el tablón se quedó asombrado. A pesar de que los demás corredores habían hecho todo lo posible por boicotearlo, Louie había acabado la milla en 4:08.3, la más rápida de la historia de la NCAA y el quinto mejor tiempo de siempre de la milla al aire libre. Se había transformado en el corredor de los 1500 metros universitario más rápido de Estados Unidos, y se había quedado a tan solo 1.9 segundos del récord mundial. Tras la carrera, descubrió que el golpe en el pecho le había fracturado una costilla.

Louie volvió a la USC como un héroe. Su sueño de conseguir la medalla de oro en los Juegos olímpicos de Tokio estaba un poco más cerca, o eso pensaba él. Aunque no le interesaba particularmente la política mundial, empezó a prestar atención a lo que estaba ocurriendo en Japón. Un año antes, el país nipón había invadido brutalmente una amplia zona de China. Esto le sorprendió mucho. Los atletas japoneses que había conocido en Berlín eran afables y amistosos.

Louie hablo acerca de la situación con uno de sus amigos, Kunichi James Sasaki, a quien todo el mundo llamaba Jimmie. Era uno de sus fans, y siempre asistía a las carreras en las que competía. Él y Louie tenían otra cosa en común. Aunque Jimmie había nacido y se había criado en Japón, sentía tanto amor por Torrance que conducía hasta allí casi a diario para reunirse con personas de ascendencia japonesa, a las que animaba a ser buenos ciudadanos y a ayudar con dinero a sus respectivos parientes pobres en Japón. A Louie esto le pareció algo difícil de entender. Se preguntaba por qué Jimmy habría escogido vivir en Torrance. No era un lugar donde vivieran muchas personas de ascendencia japonesa. Pero Jimmie no era el tipo de persona al que le gustase hablar de sí mismo, aunque si hacía muchas preguntas. Lo cierto es que no le fue de mucha ayuda para tratar de entender por qué Japón había invadido China.

Cuando se acercó la fecha de los siguientes juegos olímpicos, Japón anunció que no los albergaría. Afortunadamente, el gobierno finlandés se ofreció a organizar los juegos de 1940. Pero vientos de guerra soplaban también sobre Europa. Alemania se había anexionado a Austria, invadido Checoslovaquia, y el 1 de septiembre de 1939, invadió también Polonia. Dos días después, Gran Bretaña, Francia, Australia y Nueva Zelanda le declararon la guerra a Alemania.

A pesar del cambio del lugar de celebración de los juegos y de los acontecimientos preocupantes que se producían por el mundo, Louie se centró en su entrenamiento y preparación. Cada vez conseguía mejores tiempos. Consiguió vencer en todas las carreras en las que participó, batiendo dos veces incluso a su héroe, Glenn Cunningham, e igualando el récord de los 1500 metros bajo techo con un tiempo de 4:07.9. Louie soñaba con bajar de cuatro minutos en Helsinki, Finlandia, y su entrenador estaba de acuerdo en que tenía una buena oportunidad de conseguirlo.

A principios de 1940, la noticia de que los Juegos olímpicos de Helsinki habían sido cancelados, supuso toda una conmoción para Louie. La Unión Soviética, aliada de Alemania, había atacado Finlandia. Durante el ataque, el estadio olímpico había sido bombardeado y una parte se había derrumbado. Louie estaba desolado, y quedó aún más conmocionado al enterarse de que Gunnar Höckert, medallista de oro de los 5000 metros en Berlín, había muerto defendiendo su patria. Louie apenas podía apartar su mente de las noticias. El mundo parecía haberse vuelto loco.

Durante varios días permaneció en estado de estupor. Ni en sus peores sueños se había imaginado que los Juegos olímpicos de 1940 pudieran ser cancelados. Todo el trabajo realizado y todos sus sueños habían tenido como objetivo el competir en esos juegos. Nadie podía saber cuándo se celebrarían los siguientes, ¿en cuatro años, en ocho? Si tardaban mucho, Louie se habría hecho demasiado mayor para competir. Aquella era su oportunidad de conseguir una medalla olímpica de oro, y se había evaporado delante de sus ojos.

Tras la cancelación de los juegos, las ganas de entrenarse de Louie disminuyeron. Sufrió una intoxicación alimentaria y después una pleuresía, y en vez de ganar carreras empezó a perderlas, una tras otra. No podía esperar a que acabase el año escolar para poder marcharse.

El verano de 1940, consiguió un trabajo como soldador en la Lockheed Air Corporation, en Burbank,

California. No era un trabajo muy divertido, pero le proporcionaba unos ingresos y le daba la satisfacción de estar colaborando en el esfuerzo de guerra. Aunque oficialmente Estados Unidos era un país neutral en los conflictos que asolaban el mundo, el presidente, Franklin Roosevelt había autorizado la venta a las Reales fuerzas aéreas británicas de los cazas P-38 que Louie ayudaba a construir. Eran aviones que también usaban las fuerzas aéreas estadounidenses.

En septiembre, se firmó el decreto de Servicio y entrenamiento selectivo. Este establecía la obligación de todos los estadounidenses varones de entre veintiuno y treinta y cinco años de registrarse en las juntas locales de reclutamiento, que seleccionarían por sorteo a una parte de ellos para recibir entrenamiento militar durante un período de doce meses. Aunque Estados Unidos no estaba en guerra, se estaba preparando para dicha posibilidad.

A sus veintitrés años, a Louie no le hacía gracia dejar su destino en manos de una lotería, así que decidió escoger él mismo el cuerpo del ejército en el que quería servir antes de que tuviera lugar el sorteo. Tras haber visto las pruebas de vuelo de incontables cazas P-38 en el aeropuerto adyacente, Louie decidió alistarse en las fuerzas aéreas. Se le envió a la Universidad de aeronáutica Hancock de Santa María, California, a recibir su instrucción militar.

Pronto se dio cuenta de que había cometido un gran error. Volar le producía náuseas y los virajes del avión le hacían vomitar. En realidad, estar en un avión no era tan divertido como le había parecido al ver los aviones desde tierra, así que encontró su diversión en otro lugar. Cada fin de semana, él y sus nuevos compañeros de las fuerzas aéreas se iban a la ciudad cercana de San Luis Obispo y bebían hasta perder el sentido. Louie volvía tambaleándose a la base solo para derrumbarse en su litera y volver a hacer lo mismo la noche siguiente.

Con tanta juerga, tenía poco tiempo para estudiar. Poco tiempo después empezó a suspender sus asignaturas y, finalmente, el capitán de las fuerzas aéreas encargado de su instrucción le dio escoger entre recobrar la compostura o marcharse. Louie decidió abandonar, para lo que firmó un documento de licenciamiento que ni siquiera se molestó en leer. De nuevo era un civil, pero su destino aún estaba en manos del sistema de reclutamiento por sorteo.

Volvió a casa a vivir con sus padres en Torrance, y como no pudo siquiera recuperar su antiguo empleo como soldador en Lockheed, ganó algo de dinero trabajando como extra en una película de Hollywood titulada *Murieron con las botas puestas*. Trataba acerca de la vida del general Custer, tenía un gran presupuesto y estaba protagonizada por Errol Flynn y Olivia de Havilland. A Louie le pagaron 7 dólares al día por su trabajo, con una bonificación adicional de 25 dólares si se quedaba hasta el final del rodaje.

Pero permanecer hasta el final supuso un problema. Antes de que terminasen de filmar Louie fue reclutado. No queriendo perder su bonificación, ideó varias argucias para retrasar su ingreso en el ejército. Al final optó por un plan muy simple. El día de su examen físico devoró tantos dulces como pudo. Cuando le analizaron la orina el oficial médico frunció el ceño.

—¿Alguna vez te ha dicho alguien que podrías tener diabetes? —preguntó.

—No, pero supongo que es posible —respondió Louie fingiendo sorpresa. Sabía que los dulces habían aumentado su concentración de azúcar en la sangre.

—Tendremos que hacer un nuevo análisis la semana que viene —dijo el doctor—. De esa forma lo sabremos con seguridad. Este resultado podría tratarse de un error.

Louie asintió.

—Volveré —dijo, sabiendo que el rodaje de la película habría terminado por entonces y podría conseguir su bonificación de 25 dólares.

En efecto, cuando la orina de Louie fue analizada una segunda vez sus niveles de azúcar eran normales y, el 29 de septiembre de 1941, partió a Camp Roberts, California, para recibir instrucción básica. Durante el trayecto en tren hacia el norte desde Torrance, Louie fue consciente de que esta vez no habría nada que pudiese hacer para librarse de la instrucción militar.

Mientras él estaba ocupado completándola, su hermano Pete se alistó en la marina.

En noviembre, al finalizar la instrucción básica, Louie comprendió que tenía que haberse leído el formulario de licenciamiento que había firmado al abandonar la fuerza aérea. Entre las condiciones que había aceptado estaba la de volver al mismo cuerpo en caso de ser reclutado. Aunque odiaba volar, fue enviado al campo de aviación de Ellington Field, en Houston, Texas. Le gustase o no, la fuerza aérea estaba dispuesta a hacer de él un tripulante de bombardero. Durante la instrucción, le entregaron un pase de fin de semana para los días 6 y 7 de diciembre de 1941. El 7 diciembre, temprano por la mañana, se encontraba todavía en un cine viendo una programación de sesión doble cuando la proyección de la película se detuvo de repente. Louie miró a su alrededor para ver qué sucedía. Se encendieron las luces y el gerente del cine salió y se situó frente a la pantalla.

—Los japoneses han bombardeado Pearl Harbour, en Hawái —anunció el gerente—. Todo el personal militar debe regresar a sus bases inmediatamente.

Louie se unió al asombrado y silencioso río de hombres y mujeres que salieron del cine. Estados Unidos había sido al fin arrastrado a la guerra que se desarrollaba a ambos lados del globo. Mientras volvía a Ellington Field, Louie se preguntaba qué consecuencias traería aquello para él y para su país.

Capítulo 9

Combate

Tras el bombardeo de Pearl Harbour, Louie continuó con su instrucción como tripulante de bombardero en Houston y, más tarde, en la escuela de vuelo del ejército en Midland, Texas. Lo hizo bien, y aprendió a manejar el visor de bombardeo Norden, un computador analógico sofisticado, caro y secreto. Desde su posición en el «invernadero», la gran ventana de plexiglás situada en la parte delantera del bombardero, Louie aprendió a localizar el objetivo con el visor de bombardeo e introducir su posición, así como otros datos, mediante una serie de diales. El visor de bombardeo Norden, conectado al piloto automático del avión, utilizaba dicha información para tomar el control del vuelo del bombardero y llevarlo hasta su objetivo. También calculaba el mejor ángulo y momento para soltar las bombas y que estas produjesen el máximo impacto.

Una vez soltadas, Louie debía exclamar: «bombas fuera», de forma que el piloto pudiera volver a tomar los mandos del aparato. Louie se ganó una reputación como buen bombardero utilizando el visor Norden, que había sido diseñado para su uso durante un vuelo nivelado. Además, aprendió también a utilizar un dispositivo más primitivo que consistía en un cuadrante de aluminio con clavijas y un peso oscilante, por el que visualizaba el objetivo y se soltaban manualmente las bombas cuando el avión bombardeaba en picado.

En agosto de 1942, concluyó su período de instrucción, obtuvo el grado de subteniente y fue enviado al 372 escuadrón de bombarderos, del grupo de bombarderos 307 de la séptima fuerza aérea. Se le ordenó presentarse en la base aérea de Ephrata, en el centro del estado de Washington y, de camino, se detuvo en Torrance para visitar a sus padres. Allí se encontró también con Pete, y ambos intercambiaron anécdotas militares. Pete era suboficial primero de la marina, y estaba estacionado en San Diego.

En su nuevo destino en Ephrata, se le asignó a la tripulación del bombardero número 8, la cual estaba formada por el piloto, Allen Phillips; el copiloto, George Moznette Jr.; el ingeniero y artillero de la torreta superior, Stanley Pillsbury; el ingeniero y artillero de una de las ametralladoras laterales, Clarence Douglas; el navegador y artillero de morro, Robert Mitchell; el artillero de cola, Ray Lambert; el operador de radio Frank Glassman; el operador de radio y artillero de la otra ametralladora lateral, Harry Brooks; y Louie, el bombardero.

Louie esperaba que a su tripulación se la asignase a un bombardero fortaleza volante B-17, pero les asignaron a un B-24 Liberator. Se sintió desanimado al contemplar el nuevo avión, que tenía un aspecto desgarbado. Algunos lo apodaban el furgón volante, debido a la forma casi cuadrada que tenía su fuselaje de aluminio. El B-24 era un cuatrimotor de doble cola y, aunque era más corto que el B-17, tenía más superficie de alas. También era más ligero y más rápido, podía volar más lejos que un B-17 y llevar más bombas.

—A estos aviones los llaman «ataúdes volantes» —dijo un miembro del equipo de mantenimiento en tierra que andaba por allí.

Allen Phillips, el piloto, un hombre corto de estatura y de pocas palabras, respondió con confianza, dirigiéndose a la tripulación:

—No para nosotros, muchachos —y añadió—; se trata de un desafío, pero juntos podremos superarlo.

La tripulación bautizó a su bombardero Super Man, y al cabo de pocos días ya estaban realizando misiones de prácticas de bombardeo. Mientras entrenaban juntos, Louie y el piloto se hicieron muy amigos. Todos los tripulantes parecían tener algún mote, y Louie pronto se transformó en Zamp, mientras que Allen Phillips se quedó en Phil.

Tras dos meses en Ephrata, la tripulación se trasladó a Sioux City, Iowa, para recibir más entrenamiento y realizar más prácticas de bombardeo. Cuando finalizó su instrucción, los hombres esperaron para ver a dónde les destinaban. ¿Irían a Inglaterra, donde los aliados luchaban contra los alemanes? ¿O serían enviados al Pacífico, a batallar contra los japoneses? En aquellos momentos los japoneses controlaban grandes áreas de ese océano y de Asia. El 2 de noviembre de 1942, Louie y la tripulación del

Super Man se encontraron volando hacia el oeste sobre el océano Pacífico, rumbo al campo de aviación de Hickam, a las afueras de Honolulu, en la isla hawaiana de Oahu.

Fue una auténtica sorpresa, Oahu parecía más una fortaleza que un paraíso tropical. Casi todos los edificios parecían estar camuflados y la isla estaba bajo un completo régimen de corte de luz. Por las noches no estaba permitido encender ninguna, ni siquiera una cerilla. La playa de Waikiki estaba rodeada de alambre de espinos para frenar cualquier fuerza de invasión japonesa. Louie había entrado en una zona de guerra.

El 372 escuadrón de bombarderos estaba estacionado en la base de Kahuku de la fuerza de aérea, junto al mar, en el extremo norte de Oahu. Era un lugar muy bonito, y a Louie le gustaba correr por los alrededores para mantenerse en forma. En Kahuku, la tripulación recibió más instrucción militar, especialmente cuando George Moznette Jr. fue transferido a otra tripulación y Charleton Cuppernell le sustituyó como copiloto del Super Man. La tripulación también efectuó vuelos de reconocimiento fuera de Hawái, por diferentes sectores del océano Pacífico, intentando avistar barcos o submarinos japoneses. Los vuelos de reconocimiento podían prolongarse hasta diez horas, y resultaban tediosos. A veces, Phil dejaba que Louie tomase el control del aparato y le daba lecciones de vuelo. Sorprendentemente, dada su primera experiencia en el ejército del aire, descubrió que le encantaba volar.

Al igual que el resto de la tripulación, Louie estaba deseando participar en las misiones de combate para las que se había entrenado. La oportunidad le llegó el día de Nochebuena de 1942. Las tripulaciones de veinticinco bombarderos B-24 recibieron órdenes de empaquetar ropa para tres días y presentarse en sus aviones. La tripulación del Super Man se reunió junto al aparato y luego subió a bordo. Louie no tardó en percatarse de que, además de cargar novecientos kilos de bombas, el equipo de tierra había instalado dos tanques supletorios de combustible. También le sorprendió comprobar que no habían instalado el visor de bombardeo Norden, por lo que tendría que depender de su visor manual de bombardeo en picado. A Phil le entregaron un sobre con las órdenes, pero le prohibieron abrirlo hasta que el avión no hubiese despegado, así que tenía tan pocas pistas acerca de la misión como Louie y el resto de la tripulación.

Los bombarderos fueron despegando uno tras otro de la base de Kahuku. Tan pronto como el Super Man alcanzó la altitud de seguridad, Phil abrió las órdenes. Debían dirigirse a la isla de Midway, a ocho horas de allí. Seguramente se trata de algo más que de volar hasta Midway, pensó Louie mientras se preparaba para el vuelo. Y, en efecto, así era. Tras aterrizar allí, se informó a las tripulaciones de que su misión consistía en bombardear el atolón de Wake.

En diciembre de 1941, al mismo tiempo que atacaban Pearl Harbour, los japoneses habían atacado también la base aérea de la marina estadounidense situada en el mencionado atolón, tomándola el 23 de diciembre. Durante el año transcurrido, los japoneses habían construido allí una base aérea estratégica, y ahora los veinticinco bombarderos B-24 se dirigían a destruir lo que los japoneses habían construido.

La misión llevaría a los B-24 a su límite. Estarían en el aire durante dieciséis horas y apenas tendrían combustible suficiente como para volver Midway. Por esa razón necesitaban tanques supletorios de combustible.

Al día siguiente, a las cuatro de la tarde, el Super Man y los demás bombarderos se elevaron hacia el cielo. A 240 kilómetros de Wake, se estableció un silencio en las comunicaciones y los bombarderos apagaron sus luces exteriores. Volaban entre las nubes y sin luces exteriores, así que era difícil ver a los demás bombarderos. Todo el mundo a bordo era consciente de que existía la posibilidad de que los aviones colisionaran en el aire antes de alcanzar el objetivo.

El ataque sobre Wake empezó a medianoche. Los aviones se alinearon y uno tras otro fueron lanzándose en picado para soltar sus bombas. Louie abrió las puertas del compartimento y dispuso los interruptores para cuando llegase el momento de realizar el picado. En teoría los aviones debían soltar las bombas a 1200 metros de altura, pero como a esa altitud aún seguía todo cubierto de nubes, Phil siguió descendiendo. A 800 metros de altitud finalmente divisaron el atolón de Wake. Desde la cabina acristalada situada en el morro del avión Louie pudo verlo todo. Las bombas de los aviones anteriores habían dejado sus marcas y había incendios por todas partes. Sabía que con su ataque habían tomado a los japoneses por sorpresa. Pudo distinguir a los soldados japoneses corriendo desordenadamente entre los edificios y los aviones ardiendo. Estaba lo suficientemente cerca como para darse cuenta de que la mayoría de ellos iba en ropa interior. Los artilleros del Super Man abrieron fuego contra el suelo mientras Louie divisaba sus objetivos y soltaba las seis bombas. Estas explotaron entre los que escapaban y entre los aviones japoneses estacionados, haciendo que al instante estallasen en llamas.

Una vez soltadas las bombas, Phil hizo ascender al avión, lo niveló y viró hacia la izquierda, para alejarse del atolón, convertido en un infierno. Sin los 800 kilos de bombas en el compartimento el Super Man se volvió más ligero y su consumo de combustible descendió, lo que les permitiría realizar el viaje de regreso a Midway. Fue en ese momento cuando Louie descubrió que las puertas del compartimento de bombas no se cerraban. Uno de los tanques auxiliares de combustible se había movido al realizar el picado, atascándolas. Tendrían que volar de regreso a Midway con las puertas abiertas. El problema era que las puertas abiertas creaban resistencia, haciendo que el Super Man consumiese más combustible del previsto. Podrían no tener suficiente como para volver a casa.

El viaje de regreso fue exasperante. Louie se sintió agradecido por las chaquetas y botas forradas de lana que el ejército había proporcionado a la tripulación. A pesar de volar por el trópico, la altitud hacía que se sintieran como si estuvieran a bordo de un frigorífico, y aún más con las puertas del compartimento para bombas abiertas de par en par. Louie se sentó nervioso a contemplar los indicadores de nivel de los tanques auxiliares, mientras el avión volaba hacia el este.

Nada más dar las ocho de la mañana, Phil gritó a la tripulación que podía ver Midway a lo lejos. Al mismo tiempo Louie escuchó como uno de los motores empezaba a traquetear y se apagaba, se le había acabado el combustible. De algún modo, los otros tres motores continuaron funcionando. Louie estaba asombrado. Podía ver que no quedaba combustible en los tanques supletorios, y pudo sentir el momento en el que Phil bajó el morro del avión y se lanzó hacia la pista de aterrizaje. Momentos después las ruedas rebotaban en el suelo al tiempo en que otro de los motores se apagaba. Lo habían conseguido, aunque con las justas. Era consciente de que si la misión hubiese sido 800 metros más larga se habrían estrellado contra el mar, así que respiró aliviado mientras el bombardero se deslizaba por la pista hasta detenerse, justo en ese momento los dos motores restantes se apagaron también.

La misión había terminado, y tanto el Super Man como los demás bombarderos participantes en el ataque al atolón Wake habían vuelto a salvo.

De regreso a Oahu, el día de año nuevo de 1943, el almirante Chester Nimitz entregó la medalla del aire a todos los miembros de la tripulación de la que formaba parte Louie, así como a los miembros de las demás tripulaciones que habían participado en el bombardeo. Sin embargo, Louie era consciente de que las prácticas de bombardeo eran igual de peligrosas que el combate real. En su diario, llevaba la cuenta de todos los aviadores de Kahuku que se habían matado y en qué circunstancias. La lista daba qué pensar. A 9 de enero de 1943 habían muerto veintisiete oficiales y veintiséis soldados. Algunos de ellos habían fallecido al estrellarse sus aviones en las escarpadas cadenas montañosas de Oahu, o porque sus aparatos habían explotado en mitad del vuelo a causa de escapes de gases inflamables.

Otros se habían quedado sin gasolina antes de llegar a la base, como estuvo a punto de sucederle a Super Man de vuelta a Midway. La historia más horripilante, de la que todo el mundo hablaba, había ocurrido una mañana temprano, cuando un B-24 se había estrellado a menos de 300 metros de la costa. Varios miembros de la tripulación habían sobrevivido y consiguieron alejarse nadando del aparato, pero solo para que unos escualos les destrozaran antes de que pudieran alcanzar la playa. Los tiburones eran algo en lo que Louie no quería pensar, pero sabía que estaban al acecho bajo la superficie del interminable mar azul sobre el que volaban.

Después de aquel incidente, habían enviado a Louie a recibir clases de un viejo hawaiano sobre formas tradicionales de repeler ataques de tiburones. Durante las clases les enseñaron a abrir mucho los ojos y enseñar los dientes, así como a usar la técnica del brazo recto, golpeando a escualos imaginarios en la nariz. Louie esperaba no tener nunca que comprobar si estas técnicas funcionaban realmente.

Habiéndose matado ya una cuarta parte de sus compañeros de barracones, Louie y los demás desarrollaron un ritual para homenajear a cada compañero caído. Como la mayoría de las veces no se encontraba el cuerpo, los hombres abrían la taquilla del desaparecido, localizaban su reserva de alcohol y brindaban por su vida. Después regresaban a su tarea habitual de intentar mantenerse vivos.

La siguiente batalla importante en la que se vio involucrado el Super Man ocurrió a mediados de abril de 1943 y fue una misión de bombardeo sobre la isla de Nauru. Los japoneses la habían ocupado en agosto de 1942 y era una pequeña isla del

Pacífico occidental situada justo debajo de la línea del ecuador. Como la isla era tan remota y pequeña nadie se habría ocupado de aquel lugar si no fuera por un detalle: los fosfatos, de los que poseía una reserva importante de alta calidad que se utilizaban como ingrediente en la producción de municiones, especialmente de bombas incendiarias. Los japoneses habían instalado allí tres plantas de procesamiento, y Estados Unidos quería destruirlas.

El ataque se llevó a cabo desde la base aérea estadounidense de Funafuti, un pequeño atolón de las islas Ellice, a cinco horas de vuelo al sureste de Nauru. A las cinco de la mañana del 20 de abril de 1943, veintidós bombarderos B-24, incluido el Super Man, despegaron de Funati. El Super Man fue el encargado de liderar el ataque. Para llegar a su objetivo siguieron una ruta más larga en forma de curva cerrada, con la esperanza de que los japoneses no pudieran averiguar de dónde habían partido. A mediodía estaban sobre Nauru, con Super Man a la vanguardia.

Hasta tres minutos antes del bombardeo todo parecía tranquilo, y Phil le entregó a Louie el control del aparato para que estableciese las coordenadas de sus objetivos en el visor de bombardeo Norden. De repente, la isla empezó a vomitar una barrera de fuego antiaéreo. El Super Man tembló y se estremeció en el aire debido a las ondas expansivas de las explosiones a su alrededor, pero siguió su curso, soltando las bombas sobre sus objetivos. Una de ellas impactó en un depósito de combustible, que explotó formando un enorme penacho rojo y naranja. Tras el bombardeo, Phil tomó de nuevo los mandos del avión y viró alejándose de Nauru y poniendo rumbo a Funafuti. Pero los japoneses no iban a permitir que escapasen tan fácilmente. Una docena de cazas Zero japoneses se abatieron sobre los bombarderos con sus ametralladoras escupiendo fuego.

El Super Man resultó acribillado por las ametralladoras de tres Zeros. Los artilleros del bombardero abrieron también fuego sobre ellos. El ruido era ensordecedor. Louie vio a uno de los Zeros volar en línea recta hacia ellos. Escuchó un crujido cuando una de las balas del caza atravesó la cabina de plexiglás justo al lado de su cabeza y acabó finalmente impactando sobre el ala izquierda. Después, a través del plexiglás resquebrajado, vio como el Zero recibía un impacto directo del artillero de morro, Robert Mitchell. Pudo ver desplomarse al piloto y al avión caer en barrena hacia el océano.

—¡Socorro! —gritó una voz desde el intercomunicador. Una segunda ristra de balas estremeció al Super Man mientras Louie corría hacia atrás para ver qué había ocurrido. Era como una pesadilla. Harry Brooks, el operador de radio, se balanceaba sobre las puertas abiertas del compartimento de bombas, agarrado a la pasarela. Tenía los ojos desencajados. Bajo sus pies había una caída libre de 2500 metros. Louie avanzó dificultosamente a lo largo de la pasarela de apenas 30 centímetros de ancho hasta situarse justo encima del operador de radio. Plantó sus pies firmemente, se agachó, agarró a Harry por las muñecas y tiró de él hacia la pasarela. Brooks estaba momentáneamente a salvo, pero Louie se dio cuenta de que se enfrentaban a un nuevo peligro. Una bala de ametralladora tenía que haber dejado fuera de servicio el sistema hidráulico, ya que Louie estaba seguro de haber pulsado el botón de cierre de las puertas del compartimento de bombas después de la misión. Esto significaba que los alerones, el tren de aterrizaje y los frenos tampoco funcionarían.

Louie cerró rápidamente el compartimento a mano y se volvió hacia Harry, que estaba balbuceando. Entonces descubrió por qué. A los pies de su compañero se formaba un charco de sangre. Harry había sido alcanzado en el estómago por la metralla. Louie agarró el equipo de primeros auxilios y le puso una inyección de morfina, luego puso la máscara de oxígeno sobre su cara e intentó detener la hemorragia.

¡Booom! Se escuchó un estallido justo encima de él, seguido de una sensación viscosa y húmeda en su cuello. ¿Estaba sangrando? Levantó la vista y descubrió que la metralla había destrozado parte de la bota de Stanley Pillsbury, por lo que la sangre manaba de su pie. Sin embargo, Stanley permaneció en su puesto de artillero de la torreta superior.

Los Zeros seguían viniendo y el Super Man se las arregló para continuar volando en medio de la granizada de fuego de ametralladora.

Tras escuchar más gritos de auxilio, Louie corrió a la parte posterior del bombardero. La escena que se encontró fue dantesca. Cuatro miembros de la tripulación se retorcían en la zona de las ametralladoras laterales heridos y cubiertos de sangre. A pesar de sus heridas, Clarence Douglas y Frank Glassman seguían en sus puestos. Louie vio otro Zero que se acercaba de costado hacia ellos. No estaba seguro de que el Super Man pudiese resistir otro ataque, pero Stanley estaba preparado. A pesar de su pie destrozado por la metralla esperó al momento exacto y abrió fuego dejando salir un grito de rabia. Louie pudo ver al piloto japonés muerto en su cabina mientras el Zero se desplomaba súbitamente, sin control.

La pelea había acabado para ellos, pero seis miembros de la tripulación estaban malheridos y el avión apenas se encontraba en condiciones de volar. Louie no tuvo tiempo de pensar en cómo lograrían aterrizar, si es que conseguían llegar a tierra; tenía primero que atender a sus compañeros. Se acercó a Stanley y le puso una inyección de morfina en la pierna, después espolvoreó su pie con sulfuro y lo vendó.

Charleton Cuppernell, el copiloto, se unió a Louie en la parte trasera del aparato y ambos cuidaron de los heridos mientras Phil luchaba por mantener el dañado avión en el aire. Además de la rotura del sistema hidráulico, uno de los timones de cola estaba roto. A pesar de ello, el Super Man siguió volando. Fueron las cinco horas más largas de la vida de Louie, mientras esperaba poder divisar Funafuti. Pero un aterrizaje forzoso parecía inevitable. Sin sistema hidráulico, tuvo que levantar los alerones y bajar el tren de aterrizaje mediante manivelas. Después abrió las compuertas del compartimento de bombas con la esperanza de crear resistencia y ayudar a frenar el avión. Una vez logrado, lo único que podía hacer era preguntarse como conseguiría Phil detener el avión una vez tocasen tierra, ya que no tenían frenos.

Al tocar tierra, el avión empezó a escorarse peligrosamente hacia la izquierda, pues una bala había perforado la rueda situada bajo esa ala. Louie estaba seguro de que aquello era el fin, de que se estrellarían sin remedio contra las hileras de cocoteros que cada vez estaban más cerca. Vio a Charleton pisar con fuerza el freno derecho y, para su asombro, hubo suficiente presión hidráulica como para inmovilizar la rueda y hacer girar a Super Man en dirección contraria antes de chocar bruscamente con el final de la pista.

Louie saltó a tierra a través del compartimento de bombas y levantó sus brazos hacia el cielo en forma de cruz, la señal de que llevaban heridos a bordo. Marineros con camillas se acercaron corriendo y se llevaron a todos los tripulantes con problemas. Mientras caminaba alrededor del Super Man, Louie se maravilló de seguir vivo. Las alas y el fuselaje del avión tenían 594 agujeros. Todos los B-24 que tomaron parte en el ataque a Nauru consiguieron volver a Funafuti, y todos resultaron dañados por las balas y la metralla, pero ninguno en la medida del Super Man.

Antes del anochecer, Harry Brooks murió a causa de sus heridas. Louie nunca olvidaría la mirada de súplica en los ojos de Harry cuando le rescató de caer por el compartimento de bombas. Deseando estar solo, caminó hasta un bosquecillo de cocoteros y se quedó allí, con la mirada perdida, mientras las tripulaciones de tierra se afanaban por reparar los bombarderos dañados, reponer el combustible y cargarlos con más bombas. A la mañana siguiente debían despegar para llevar a cabo otra misión, esta vez sobre Tarawa, en las islas Gilbert, donde los japoneses se habían atrincherado. Pero el Super Man no iría con ellos. El avión había sufrido tantos daños que no se podía reparar. Nunca volaría de nuevo.

Exhausto, Louie se dirigió hacia los barracones y se tumbó en un catre. Se sumió en un sueño agitado, con los acontecimientos del día agolpándose aún en su mente. Alrededor de las cuatro de la mañana le despertó el sonido de un avión sobrevolando sobre sus cabezas. Louie supuso que se trataba de aviones estadounidenses trayendo refuerzos, pero pronto se dio cuenta de lo que equivocado que estaba. Escuchó una explosión, y luego otra.

—¡Ataque aéreo! —gritó alguien.

Louie saltó de su catre, se puso las botas y corrió al exterior. De un extremo a otro del atolón las explosiones iluminaban el cielo.

—¿Dónde están los refugios antiaéreos? —gritó Louie.

—¡No hay. Protégete como puedas! —le respondió alguien.

Louie pensó rápidamente. Sabía que él y los demás hombres del atolón eran blancos fáciles. Tenía que permanecer lo más pegado al suelo que le fuese posible. Divisó una cabaña nativa construida sobre postes a una corta distancia. Corrió hacia ella y se escondió bajo la estructura. Phil se encontraba justo debajo de él. Allí había ya una docena de hombres y Louie se amontonó encima de ellos. Aún se tumbaron allí más aviadores. Louie se cubrió los oídos con las manos, se hizo un ovillo y se preparó para el impacto. Con cada explosión, la tierra temblaba debajo de ellos.

Los japoneses hicieron cuatro pasadas para bombardear Funafuti, y una vez más Louie hizo honor a su apodo: Louie el suertudo. La cabaña bajo la que habían buscado refugio no fue alcanzada. Apenas sufrió un pequeño corte en el brazo. Al despuntar el día, Louie salió del escondite. A su alrededor se levantaban columnas de humo ocre que salían de los B-24 y los edificios ardiendo. En medio del caos, yacían muchos hombres muertos. Había trozos de ropa enredados en piezas de aviones y restos de camiones. Las palmeras estaban hechas pedazos, y los hombres gritaban de dolor. Louie se estremeció al ir comprendiendo la magnitud de la escena. A su izquierda divisó a Super Man, el único bombardero que había salido ileso del ataque. El aparato seguía estacionado a un lado de la pista, allí donde los motores se habían detenido.

Algo más tarde aquella mañana, Louie fue a la enfermería a comprobar el estado de los tripulantes heridos del Super Man. Todos habían salido ilesos del ataque. No obstante, al interesarse por el estado de Stanley Pillsbury el doctor tenía malas noticias. No quedaba más anestesia, pero el pie de Stanley necesitaba una intervención inmediata. Louie se ofreció a ayudar. Mientras Stanley agarraba con fuerza los lados de su catre, Louie se tumbó a lo largo de sus piernas para mantenerlas quietas. El doctor empezó a operar. Bajo su cuerpo, Louie podía sentir el cuerpo de Stanley tenso por el dolor. Tras limpiar la herida, el médico pudo coser su pie.

Al salir de la enfermería, se preguntaba cómo podría borrar jamás de su mente las truculentas imágenes que había presenciado en los últimos dos días.

Capítulo 10

La Avispa verde

La tripulación del Super Man no podría volver a formar un equipo. Stanley Pillsbury, Ray Lambert y Clarence Douglas estaban demasiado heridos para moverse. Los demás, incluido Louie, fueron trasladados de vuelta a Hawái desde Funafuti. A su regreso, Louie, Phil y Charleton fueron transferidos al 42º escuadrón del 11er grupo de bombardeo, estacionado en la base aérea del ejército en Kualoa, situada junto al océano, en la costa este de Oahu. Allí se reunieron con otros seis hombres que formarían su nueva tripulación. Louie estaba un poco nervioso. La tripulación del Super Man había sido probada en la batalla. Ahora tendría que reconstruir esa relación de confianza con un nuevo grupo de hombres, algunos de ellos novatos, como su nuevo ingeniero. Para hacer aún peores las cosas, la tripulación reconstituida no tenía aparato en el que volar. Tenían que esperar a que les llegase un nuevo bombardero desde el continente.

Mientras tanto, la mañana del martes 27 de mayo de 1943, Louie, Phil y Charleton fueron a Honolulu a comprar provisiones. Estaban a punto de abandonar la base cuando el teniente Lund, el oficial de operaciones, les detuvo en la puerta.

—Necesito inmediatamente algunos voluntarios —dijo el teniente asomándose por la ventanilla de la puerta del conductor—. No parece que ustedes tengan mucho que hacer.

—¿Qué ocurre? —preguntó Louie.

—Ha desaparecido un B-24. Despegó ayer por la tarde rumbo a Australia, con escala en Palmyra, y desde entonces no se ha vuelto a saber de él. Necesitamos poner en el aire dos aviones de reconocimiento que hagan la búsqueda.

—No sirve de nada dirigirse a nosotros, señor —dijo Phil—. Ya no tenemos avión.

—Llévense el Avispa verde —respondió el teniente.

Louie dirigió a Phil una mirada de alarma. El Avispa verde, un bombardero B-24, era el peor avión del escuadrón. Los pilotos que habían volado en él decían que era difícil de controlar. Se «encabritaba», es decir, tendía a llevar durante el vuelo el morro más elevado que la cola. Peor aún, los servicios de mantenimiento habían ido retirándole piezas para usarlas en otros aviones. Por lo general, solamente se utilizaba para volar entre la isla principal de Hawái y Oahu, con el fin de traer repollos y otros vegetales.

Phil dijo claramente:

—Estoy dispuesto a volar en cualquier aparato menos en ese.

—El Avispa verde es el único avión disponible. Ha superado la revisión. Necesito una tripulación voluntaria ahora mismo. ¿Van a hacerlo o prefieren meterse en problemas? —Les hizo saber el teniente Lund.

Louie suspiró profundamente.

—Por supuesto que lo haremos —dijo Phil.

En el ejército la palabra voluntario tenía un significado diferente. Si el avión había pasado la revisión no tenían otro remedio que volar en él. El automóvil dio la vuelta con los tres dentro. Su día en Honolulu acababa de ser cancelado, había llegado el momento de tentar la suerte en el Avispa verde.

Louie se puso el uniforme e hizo una rápida anotación en su diario: «Solo había una nave, el Avispa verde... Nos mostramos bastante reacios, pero al final Phillips accedió a participar en la misión de rescate». Puso el diario de vuelta en su taquilla, garabateó una nota y la dejó encima: «Si no hemos vuelto en una semana, sírvanse un trago de mi reserva».

Dos horas más tarde, el Avispa verde volaba en dirección al atolón de Palmyra, a unos 1600 kilómetros al sur de Hawái. Louie se sentía inquieto. El avión llevaba a bordo a seis tripulantes nuevos, así como a un oficial que necesitaba ir a Palmyra. Louie se preguntaba si conseguirían funcionar como un equipo en caso de que se produjese una emergencia. Respiró profundamente y confió en que no tuviesen que averiguarlo.

Otro bombardero B-24, el Daisy Mae, también buscaba al avión desaparecido, y ambos volaron juntos durante los primeros 300 kilómetros hasta que el Daisy Mae se adelantó, ya que el Avispa verde avanzaba de forma lenta y pesada.

Cuando el avión inició un descenso a través de una capa de nubes Louie supo que habían alcanzado la zona de búsqueda, a unos 300 kilómetros de Palmyra. Sabía que estaban haciendo vuelos rasos sobre el océano, a unos 250 metros de altitud. Mientras escudriñaba las aguas tranquilas con sus binóculos, sintió lástima de la tripulación perdida. Esperaba que hubiesen conseguido utilizar las balsas salvavidas.

—Examina la zona que tienes justo delante, ¿de acuerdo? —dijo Phil.

Phil se desató el cinturón de seguridad.

—Claro —respondió Louie.

Louie permaneció detrás de piloto y copiloto mientras estos intercambiaban el sitio. Era algo bastante frecuente, ya que la mayoría de los copilotos deseaban pasar el máximo número de horas en el asiento del capitán para poder obtener su propio título de piloto. Louie y Phil estaban charlando cuando, sin previo aviso, Louie sintió un estremecimiento y miró a su izquierda. El motor número 1, situado en el extremo del ala, traqueteaba y temblaba; a continuación dejó de funcionar. Inmediatamente el Avispa verde empezó a escorarse hacia su izquierda y a perder altura. Louie se echó hacia atrás para dejar que Phil y Charleton se hicieran cargo. Tenían que reducir la resistencia en el lado izquierdo del aparato, orientando hacia la dirección de la marcha las aspas de las hélices del motor atascado. Esto suponía girar el borde de las aspas en dirección al viento para detener el giro de la hélice y permitir que éstas cortasen el viento creando así la menor resistencia posible. Orientar las hélices era normalmente tarea del copiloto, pero como Phil y Charleton habían cambiado de asiento, a Louie le parecieron algo desorientados. Louie escuchó a Phil gritarle al ingeniero que viniera a orientar las aspas del motor averiado.

El ingeniero novato corrió a toda la velocidad hacia la cabina de mando, se inclinó sobre la consola de instrumentos, levantó la cubierta de plástico que protegía los cuatro botones y apretó el botón que orientaba contra el viento las aspas de la hélice del motor número 1. Un instante después, Louie se dio cuenta de que el ingeniero había apretado el botón equivocado. El motor número 2 del ala izquierda se detuvo por completo. El Avispa verde llevaba ahora todos los motores del lado izquierdo apagados. El avión apenas podía volar con sus cuatro motores en funcionamiento, y Louie pudo ver el pánico en el rostro de Phil, quien aumentó la potencia de los dos motores restantes para compensar la falta de empuje en la otra ala, mientras Charleton intentaba volver a encender el motor número 2. Sin motores en su lado izquierdo el avión comenzó a virar en esa dirección y a perder altura vertiginosamente.

—¡Prepárense para el impacto! —escuchó decir a Phil por el intercomunicador.

Louie se puso inmediatamente en movimiento. Había practicado esta situación cientos de veces en las clases de supervivencia, y miles de veces en su cabeza. Cada miembro de la tripulación tenía una tarea específica en ese momento. La del bombardero era ocuparse de dos balsas salvavidas que se eyectarían e inflarían automáticamente tras el impacto. Una tercera lancha estaba situada en el compartimento para bombas, y su misión consistía en sacarla y ocupar su posición en la ventanilla lateral derecha, junto al trípode de la ametralladora. Louie salió disparado hacia el compartimento de las bombas y agarró el bote salvavidas. Para entonces el Avispa verde giraba ya sin control.

Louie vio al nuevo artillero de cola, el sargento Francis McNamara, al que todo el mundo llamaba Mac, sujetando la caja de provisiones de supervivencia, tal y como le correspondía. También oyó a alguien tras él luchando con su chaleco salvavidas. Louie se alegró de haberse amarrado el suyo antes de que el avión despegase. Además, tenía la vaga sensación de no haber visto al operador de radio correr a su posición. Tenía la esperanza de que se encontrase recorriendo las bandas de emergencia, enviando mensajes de socorro y atando a su cuerpo un sextante y el equipo de astronavegación.

No hay nada más que pueda hacer, pensó Louie, dejándose caer al suelo. Echó un último vistazo al cielo por la ventanilla lateral, pegó la cabeza al pecho y colocó la balsa salvavidas sin inflar sobre su cabeza. Mientras el Avispa verde caía al agua cortando el aire con un sonido agudo, Louie pensó: ¿O sea que así es cómo acaba todo? Nadie podría sobrevivir a esto.

¡Bang! El mundo de Louie estalló en pedazos. Al tiempo que era arrojado violentamente hacia delante pudo ver la luz del día sobre su cabeza. Sintió que se lo tragaba el agua mientras las cuerdas se enredaban alrededor de su torso. En un instante, Louie se encontraba bocabajo, encajado bajo el soporte de la ametralladora. Louie intentó desgarrar la maraña de cuerdas, pero no había forma de liberarse. El fuselaje empezó a hundirse hacia el fondo del mar, a 500 metros bajo sus pies. Louie tragó agua salada y se atragantó. Necesitaba aire, pero no había. Sus pulmones se empezaron a llenar de agua, y entonces todo se oscureció y perdió la conciencia.

Unos segundos más tarde Louie volvió en sí. Su mundo era oscuro, frío y silencioso. Estaba flotando. ¿Era esto la muerte? Aquel pensamiento pasó rápidamente por su mente hasta que pudo más la palpitación de sus oídos. Sentía también una presión descomunal en los ojos, como la de un martillo golpeando un yunque. Comprendió que estaba vivo y flotando en el interior del fuselaje. No tenía la menor idea de cómo había podido liberarse, pero ya no estaba enredado en las cuerdas ni tampoco encajado bajo el soporte de la ametralladora.

Louie pasó sus manos a lo largo del fuselaje buscando una salida. Finalmente encontró la apertura de la ventanilla lateral y recorrió el borde con su mano derecha. Un anillo que llevaba en esa mano se le enganchó fuertemente en un trozo de metal retorcido. Louie uso su mano izquierda para acercarse a la ventanilla, obligó a su cuerpo a pasar por el agujeró y tiró con fuerza de su mano derecha para liberarla, haciéndose un corte en el dedo.

Impulsándose con ambos pies en el borde de la ventanilla, se lanzó hacia la superficie. Tiró del cordón de su chaleco salvavidas para inflarlo, y su flotabilidad le hizo ascender más y más rápido. Consiguió salir a la superficie boqueando en busca de aire. Dio una gran bocanada y, acto seguido, vomitó una mezcla de agua marina y aceite para aviones. Respiró de nuevo y miró a su alrededor. El mar era una sopa de trozos de avión y restos en llamas.

—¡Socorro! —escuchó gritar a alguien.

Louie se volvió y vio a Phil y a Mac agarrados a un trozo flotante de metal retorcido. Incluso a veinte metros Louie pudo ver que Phil tenía un corte profundo sobre un ojo. Mac tenía la mirada perdida en el océano. Alguien tenía que parar la hemorragia de Phil, pero al mirar a su alrededor vio dos balsas salvavidas infladas, alejándose rápidamente debido a la corriente. Sin las balsas no había esperanza para ellos. El trozo de metal en el que flotaban los otros dos no tardaría en hundirse y todos quedarían flotando con apenas la cabeza fuera del agua en la inmensidad del océano Pacífico. Además, debido al corte sangrante de Phil, los tiburones no tardarían en encontrarlos.

Con un acelerón de adrenalina, Louie nadó en dirección a la primera balsa, pero la corriente la arrastraba más rápido de lo que el conseguía avanzar. No había esperanza, o al menos eso pensó hasta que algo se contoneó delante de él. Era la cuerda de nylon de liberación de la balsa que esta arrastraba en su avance muy por detrás de ella. Louie pudo agarrarla, se la enrolló alrededor de la mano y empezó a tirar de la balsa hacia él.

Una vez que hubo conseguido subir a ella, localizó a Phil y a Mac y, tomando los remos, remó con todas sus fuerzas hacia la segunda balsa salvavidas. Con dos balsas tendrían el doble de provisiones y de espacio para acomodarse. Tras alcanzarla, ató las dos balsas y regresó a rescatar a sus dos compañeros.

Mac pudo trepar sin ayuda por el borde de la balsa, y Louie levantó a Phil del agua y lo subió a bordo. Sorprendentemente, Mac no se había hecho ni un rasguño. Mac arrancó una tira de su camisa y Louie la empapó de agua salada y la mantuvo apretada contra el corte que Phil tenía en la frente, al mismo tiempo que utilizaba su mano izquierda para presionarle la arteria carótida. Todo lo que podía hacer era esperar que aquello fuese suficiente como para detener la hemorragia.

Phil levantó la vista y miró a Louie con ojos nublados.

—Zamp —dijo—, toma el mando. Ahora eres el capitán.

—Claro —replicó Louie—. Tómatelo con calma. No te preocupes, no tardarán en rescatarnos.

Louie no estaba mintiendo, creía en lo que decía. Sabía que se habían estrellado en la muy transitada ruta entre Hawái y el atolón de Palmyra. Cuando el Daisy Mae aterrizase en Palmyra y el Avispa verde no lo hiciese, no tardarían mucho en comprender que el avión había desaparecido. Todo lo que Louie tenía que hacer era mantener vivo a Phil hasta que escuchasen el zumbido del avión de rescate.

Pasaron varias horas antes de que la camisa enrollada alrededor de la cabeza de Phil parase de rezumar sangre. Phil descansaba en el segundo bote mientras que Mac y Louie permanecían sentados juntos, en silencio, en el otro.

De repente Mac gritó:

—¡Vamos a morir! ¡Todos vamos a morir!

Louie se quedó asombrado. La suerte les había sonreído hasta ese momento, y él prefería creer que continuaría haciéndolo.

—No, Mac, no vamos a morir —dijo Louie en tono tranquilizador—. Estamos bien. Nos rescatarán hoy o, como muy tarde, mañana. Aguanta, compañero.

—¡Vamos a morir todos! —continuó gritando Mac una y otra vez.

Louie intentó razonar con Mac, pero era inútil. Finalmente se acercó a él y le abofeteó la cara. Mac se quedó silencioso y con la mirada inexpresiva.

—Veamos qué tenemos aquí —dijo Louie para cambiar de tema.

Vació sus bolsillos. Llevaba varias monedas de penique y cuarto de dólar, junto con su cartera. Después desató el bolsillo lateral del interior de la balsa y sacó el paquete de emergencia. Dentro encontró cuatro cantimploras, cada una con un cuarto de litro de agua, tres grandes barras de racionamiento de chocolate Hershey, dos bombas de aire en bolsas de lona, un par de alicates con uno de los mangos en forma de destornillador, un espejo de bronce, bengalas, tinte para el mar, un equipo para parchear fugas de aire, algunos anzuelos y línea. El paquete de emergencia de la segunda balsa contenía exactamente lo mismo.

Louie estaba asombrado. ¿Dónde estaba el cuchillo? ¿Dónde estaba el equipo de primeros auxilios? ¿Cuánto les durarían ocho cuartos de litro de agua y seis tabletas de chocolate? Pensó en todas las cosas que podría haberse metido en los bolsillos antes de salir esa mañana: los cubiertos de la cantina, un rollo de vendas, una linterna, algo de fruta seca, incluso un buen libro.

Al sentir el pánico creciendo en su interior, Louie intentó calmarse. No estaremos aquí mucho tiempo, se dijo a sí mismo. Sintió lástima por cualquiera que tuviese que permanecer en la balsa salvavidas de un B-24 durante más de cuarenta y ocho horas; no resultaría fácil sobrevivir con lo que tenían. Louie decidió que cuando fuesen rescatados y volvieran a la base, escribiría algunas recomendaciones respecto a qué otras cosas incluir en el equipo de supervivencia de la balsa salvavidas.

Capítulo 11

A la deriva

—Diecinueve y diez —dijo Louie a Mac mientras contemplaban la puesta de sol espectacular—. El sol se pone a las diecinueve y diez.

Era bueno saber la hora. El reloj de Louie seguía en su muñeca, pero se había parado en el momento del impacto.

—Ya habrán alertado de nuestra desaparición. Los aviones saldrán a buscarnos cuando amanezca. Sólo faltan unas diez horas. Nos rescatarán mañana.

Louie contemplaba los últimos rayos de sol bailando sobre la superficie del agua cuando vio una forma triangular moverse silenciosamente hacia ellos. Después apareció otra junto a ella, y Louie dejó escapar un largo suspiro. ¡Tiburones! Mantén la calma, se dijo a sí mismo. Tú estás en la balsa, ellos están fuera. Pero le costaba mantener su mente alejada de las historias de tiburones que había escuchado en

Oahu; historias de hombres hechos pedazos tras haberse estrellado su avión apenas un poco después del
final de la pista de despegue, del aviador al que le
arrancaron una pierna cuando se ofreció a sí mismo
como sacrificio a los tiburones para que su compañero pudiese alcanzar nadando la orilla.

Los tiburones, tres de ellos, se acercaron sigilo-
samente hasta la balsa y a Louie se le puso el vello
de punta. Su pusieron a nadar por debajo y podía
sentir sus aletas rozando contra el fondo. Permaneció inmóvil; apenas unos milímetros le separaban
de ellos, dos capas de lona recubiertas de caucho
amarillo. La balsa era robusta, pero estaba seguro
de que un tiburón podía perforarla con tan solo un
mordisco. El cielo iba oscureciendo; era una noche
sin luna, sin embargo, podía sentir a los tiburones
nadando en círculos alrededor de la balsa, zambulléndose debajo de ella, y rodeándola de nuevo.

Sentado intranquilo, escuchaba cómo le casta-
ñeteaban los dientes a Phil. La noche era fría y la
temperatura caía cada vez más. Se acordó de uno de
los consejos del curso de supervivencia y utilizó el
drogue, una bolsa de lona rectangular utilizada para
mantener el barco en su lugar, para tomar agua del
mar y llenar las balsas con unos quince centímetros
de líquido. Sus cuerpos se encargarían de calentar
el agua que les rodeaba. Exhausto, se tumbó en la
balsa junto a Mac, mientras el batir de las olas lo
iba arrullando. Por primera vez pudo concentrarse
en su cuerpo. Había tratado de ignorar las punza-
das que sentía en el pecho, pero ahora, al palparse
la caja torácica, se dio cuenta de que se había roto
varias costillas. Además, el agua salada hacía que le
ardiera la espalda allí donde se le había despellejado.

También tuvo tiempo de pensar en el accidente. Al desprenderse la doble cola a causa del impacto, se partieron los cables de goma de control. La tensión hizo que saltaran hacia atrás a lo largo del fuselaje, enredándose completamente alrededor de su cuerpo. Louie repasó la escena en su cabeza una y otra vez, y no pudo encontrar ninguna razón lógica que le permitiese entender cómo había conseguido desenmarañarse del tremendo lío de cables que le rodeaba, cómo pudo recuperar la conciencia después de haberse desmayado, y cómo es que no seguía encajado bajo el soporte de la ametralladora. No había explicación. Lo único que se le ocurría era pensar que Dios lo había salvado. Era un tipo de conclusión de la que se habría burlado tan solo un par de días antes, pero que ahora le parecía una explicación tan buena como cualquier otra.

Cuando salió el sol, Louie se sintió agradecido. Había sido una noche fría. Escudriñó a su alrededor el océano interminable. Las aletas triangulares virando de un lado a otro alrededor de la balsa le recordaron que los tiburones aún les seguían el rastro.

—Viernes 28 de mayo —anunció Louie en voz alta—. Hoy es el día en que nos van a rescatar.

En ese momento sintió el deseo acuciante de hacer algo que no había hecho desde que iba a misa siendo un niño.

—Vamos a orar, muchachos —dijo.

Sus compañeros asintieron. Louie sabía que el padre de Phil era pastor metodista, pero él y Phil nunca habían hablado acerca de la fe en Dios. Ahora sí que se sentía dispuesto a buscar ayuda allí donde pudiese encontrarla.

—Padre nuestro que estás en los cielos, alabado sea tu nombre —empezó a decir Louie. Phil y Mac se le unieron.

Cuando terminaron de recitar el Padrenuestro, Louie anunció que era el momento del desayuno. Desató el bolsillo de supervivencia de la balsa y metió la mano para extraer la primera tableta de chocolate Hershey. Al pensar en la comida se le llenó la boca de agua. Su mano palpó una y otra vez el interior. Allí no había ninguna tableta. Probó en el otro bolsillo; tampoco había nada.

Louie frunció el ceño. Sabía que había devuelto las tabletas al bolsillo la noche anterior. ¿Dónde podían estar? No podían haberse caído por la borda. Miró a sus dos compañeros. Phil yacía exactamente donde lo había dejado al anochecer, con su cabeza envuelta en una camisa ensangrentada. Luego se fijó en Mac, que tenía la mirada perdida. Rápidamente comprendió que éste se había comido todas las tabletas de chocolate durante la noche.

—¿Qué has hecho? —le dijo a Mac entre susurros para no perturbar a Phil—. ¿Qué has hecho?

Mac se encogió de hombros y permaneció con la mirada perdida en el mar.

Louie se contuvo en sus ganas de darle un puñetazo en la cara, pero lo que había hecho era de una ruindad inimaginable.

—¿Por qué? —volvió a preguntar.

Mac no respondió.

—No sé de nadie que haya hecho algo parecido. Se supone que formamos un equipo, estamos en esto juntos —dijo conteniendo su rabia.

Mac continuó con la mirada fija en el mar y Louie dejó de hablar con él. Se dijo a sí mismo que no tenía mayor importancia; hoy serían rescatados. Por la noche estarían todos cenando en el barracón comedor.

A medida que su enojo se iba calmando empezó a sentir lástima de Mac. Todo está en tu cabeza. Donde primero pierdes o ganas la carrera es en tu cabeza. Casi podía escuchar a Pete dirigiéndole aquellas palabras. Al reflexionar sobre ellas, se dio cuenta de que eran tan ciertas en una balsa como lo eran en la pista. A sus veintitrés años, Mac era el más joven de los tres. Era el único que había salido del accidente sin un rasguño, pero Louie comprendió que si aquella situación se prolongaba mucho más, sería el primero en resquebrajarse.

Lentamente, se dio cuenta de que bajo el sonido del batir de la marea contra la balsa se oía algo más. ¿Era el zumbido de un motor? Irguió la cabeza. Los demás también lo habían oído y empezaron a escudriñar el cielo.

—¡Uno de nuestros B-25! —exclamó Louie mirando hacia el este—. Vuela alto. No está buscándonos, pero aún así...

Tomó una pistola de bengalas del bolsillo de la balsa, la cargó y disparó una bengala. Un arco rojo iluminó el cielo. Louie sacó el paquete de tinte, lo rasgó con sus dientes y lo vació en el agua. Inmediatamente los rodeó un gran círculo de color amarillo. Los hombres hicieron señas y gritaron. El avión siguió su curso.

—Vamos en dirección oeste —dijo Phil con voz quebrada.

Louie asintió.

—Eso parece —dijo, comprendiendo que lo más probable es que el avión estuviese realizando un vuelo de rutina entre Hawái y Palmyra. El avión había pasado bastante al este, lo que significaba que la marea les estaba alejando de aquel corredor transitado.

Louie imaginó un mapa del océano Pacífico. Su situación no era buena. El punto en el que se encontraban a la deriva estaba justo en medio de la mayor extensión vacía del Pacífico, de casi 20.000 kilómetros de extensión de un extremo a otro. Al este, la tierra firme más próxima era América del Sur, al oeste estaban las Filipinas y el sudeste asiático. Estaban sentados en dos pequeñas balsas en la mayor extensión vacía del mayor océano de la tierra. Estaban a semanas, quizá meses, de tierra firme. ¿Cómo podrían aguantar tanto tiempo? No quería ni pensarlo.

—Seguimos vivos —murmuró por lo bajo para sí mismo—, eso es lo que importa.

Una hora más tarde, bajo el sol achicharrante, le contó a Phil lo ocurrido con las raciones de chocolate. Phil no reaccionó, lo que no le sorprendió nada, ya que nunca le había visto enfadado. Era una de las razones que hacían de Phil tan buen piloto.

—¿Qué tal si pescamos? —preguntó Phil.

—No tenemos cebo —respondió él, al tiempo que sentía un golpe en el fondo de la balsa. Los tiburones habían vuelto. Louie se inclinó sobre la borda y vio la cola de lo que seguramente era un escualo rodeado de pequeños peces piloto.

Aquel día no hubo más avistamientos de aviones y los hombres se retiraron a su propio mundo. Phil dormía a ratos, Mac yacía con la mirada perdida en el agua, y Louie cerraba sus ojos y pensaba en el interminable bufé que había disfrutado a bordo del *SS Manhattan* de camino a los Juegos olímpicos en Berlín.

Cayó otra vez la noche y Louie volvió a colocar agua en las balsas para mantenerlas calientes. Tenía mucha hambre y luchaba para perdonar a Mac por haberse comido las tabletas de chocolate. Aunque repartían cuidadosamente el agua de beber, y sólo daban unos pocos sorbos al día, pronto se quedarían sin nada.

Al día siguiente cantaron un montón. A Louie le encantaban las canciones más recientes del show de Bing Crosby, mientras que Phil les enseñó himnos metodistas. Louie cantó «guíame, oh Señor mi Dios, en mi peregrinaje a través de esta tierra desértica» en una balsa rodeada de ciento sesenta y cinco millones de kilómetros cuadrados de agua. No obstante, era cierto que se sentía como un peregrino en un lugar extraño y distante, y entonó de corazón la estrofa que dice «aliméntame hasta que no pueda más» como si fuera una oración. Intentó mantener la esperanza de que un día sus estómagos estuvieran llenos de nuevo.

Poco después de que hubiesen terminado de cantar, Louie escuchó el sonido atronador de unos motores sobre su cabeza. Se puso a escudriñar el cielo justo cuando un bombardero B-24 apareció de entre las nubes. Estaba tan cerca que los hombres pudieron ver la insignia de su escuadrón en la cola. Con un grito de júbilo, Louie agarró la pistola de bengalas y la disparó. Los tres vieron como la bengala describía un arco por encima de ellos y luego explotaba cerca del aparato.

—¡Han tenido que verlo! —dijo Phil lleno de gozo.

Para asegurarse, Louie lanzó tres bengalas más. El avión viró a su derecha. Estaba dando la vuelta. Una vez que hubo realizado un giro completo, los náufragos vieron como el bombardero se alejaba, el ruido de sus motores se iba apagando y su silueta se hacía más y más pequeña.

—¿Por qué no nos han visto? —dijo Louie furioso—. Los oteadores no estaban cumpliendo con su cometido. ¡No era posible no vernos!

Ya habían usado cuatro bengalas y todavía no los habían encontrado. Louie sintió una punzada de duda; quizá lo cierto es que no fuesen a rescatarlos. Era el momento de dejar de pensar en un rescate y concentrarse en sobrevivir, quizá durante largo tiempo.

Phil les recordó que aquella noche era la del día en que se conmemoraba a los soldados estadounidenses caídos en los distintos conflictos bélicos, y fue precisamente en la que se bebieron las últimas gotas de agua. Louie era consciente de lo desesperado de la situación. Se imaginó lo que estaría ocurriendo en Oahu en ese momento. La operación de búsqueda ya habría sido cancelada y sus amigos habrían abierto su taquilla, encontrado la nota, y brindado en su recuerdo y el de Phil. El resto de sus pertenencias, incluido su diario, sería enviado de vuelta a casa de sus padres. También se enviaría un telegrama al hogar de los Zamperini, en Torrance, con el siguiente mensaje: «Desaparecido en acto de combate». Louie no podía ni imaginar la pena que sentiría su familia al recibir el telegrama. A su madre se le rompería el corazón.

—¡Estamos perdidos! —dijo Mac rompiendo el silencio—. Todos vamos a morir. Nunca volveremos a ver tierra firme. Es imposible que sobrevivamos.

—Cálmate Mac —dijo Louie—. Esa no es forma de pensar. No lo conseguiremos si no tenemos fe en que podemos hacerlo. Tienes que ser duro.

—Vamos a morir —gritó Mac—. Admítelo, Zamperini. Todos vamos a morir.

—Ya basta —dijo Louie, pero Mac siguió vociferando. Una vez más, Louie le abofeteó la cara. Mac cayó hacia atrás y se encogió como un perro apaleado.

Louie se sentó a contemplar la espuma que coronaba las olas y a pensar sobre el hecho de ser duro. Durante la guerra, era lo que diferenciaba a los hombres de los muchachos. Todo el mundo había recibido la misma instrucción militar y tenía el mismo equipo, pero a la hora de la verdad, algunos hombres podían aguantarse las lágrimas y concentrarse en la tarea de sobrevivir, mientras que otros, como Mac, no podían. Todo dependía de lo duro que uno fuera. Por una vez, Louie se alegró de sus años de delincuente juvenil. Habían hecho de él un luchador, alguien capaz de conservar la calma y pensar rápidamente y con lógica. Ahora confiaba en que esos mismos atributos no le abandonarían. Tenía que encontrar un modo de conseguir comida y agua, y hacerlo pronto.

Otro día pasó, y después otro. Los tiburones seguían junto a las balsas. Mac alternaba períodos en los que yacía de malhumor en el fondo de la balsa, con otros en los que se sentaba y gritaba acerca de morirse. Phil empezó a recuperar las fuerzas, y él y Louie marcaban el paso del tiempo por la posición del sol en el cielo. También vigilaban constantemente, por si aparecía cualquier señal de nubes de lluvia. Infelizmente, no había ninguna.

Allí sentado en la balsa, la mente de Louie vagó hasta el Dr. Roberts, su profesor de fisiología en la USC, quien con frecuencia les decía en clase: «La mente lo es todo. Es como un músculo. Deben utilizarlo o se echará perder, como los músculos». Louie estaba convencido de que aquello era cierto, y puso todo su empeño en que mantuvieran sus mentes alerta y activas.

Se volvió hacia Phil y le dijo:

—Eh, compañero, cuéntame cómo es crecer en Indiana. ¿Qué hacías para divertirte cuando eras un crío?

Phil sonrió.

—No hay ningún lugar como Indiana —dijo—. Lo más divertido que había era ir a ver la carrera de las 500 millas de Indianápolis. Nos llevábamos la comida y pasábamos allí todo el día. Nunca olvidaré la ocasión en que Louis Meyer ganó por tercera vez...

Una tras otra siguieron las historias. Louie les relató todos los sucesos que podía recordar de su turbulenta infancia. Phil les contó anécdotas de lo que significaba ser el hijo de un predicador. Después volvieron su atención hacia el futuro. Louie les describió su sueño de transformar el terminal ferroviario de Torrance en un lujoso restaurante, mientras Phil hablaba de casarse con su querida Cecile y convertirse en profesor de ciencias.

Además de hablar acerca del pasado, Phil y Louie mantuvieron incontables concursos de cultura general, a los que ocasionalmente se sumaba también Mac. No había tema en el que no entrasen con detalle. Al fin y al cabo, no tenían otra cosa que hacer. Repasaron sus mejores citas con chicas, sus bromas pesadas más divertidas, los libros y revistas que habían leído de pequeños, las asignaturas que habían estudiado en la universidad. Louie no tardó mucho en darse cuenta de que Phil era mucho más culto que él. Había obtenido su licenciatura en ciencia forestal y conservación en la universidad de Purdue, y Louie aprendió de él un montón acerca de los árboles jóvenes, las especies invasoras y el papel del fuego en los bosques.

Sin embargo, a lo largo de toda la conversación, la obsesión por comer y beber nunca se alejaba mucho de la mente de Louie.

—Mi madre es una cocinera excelente —dijo a los otros dos—. Puedo verla ahora mismo en la cocina, mezclando la masa para hacer unos gnocchi.

—Nunca había oído hablar de esa comida. ¿Cómo se hace? —preguntó Phil.

—Les explicaré, muchachos —respondió Louie—. Empecemos por el principio. Lo primero que uno necesita es un kilo de patatas viejas, no de las nuevas, sino de las viejas, de las que tienen mucho almidón.

—De acuerdo —dijo Phil.

—Entonces las pelas y las hierves.

—¿Les añades sal? —preguntó Phil.

Louie se pasó los siguientes diez minutos explicándoles los pormenores de la preparación de los gnocchi, y cuando terminó, Phil quiso saber cómo se preparaba la salsa de queso azul que su madre hacía para acompañarlos.

Aquella tarde empezó una tradición. Tres veces al día, desayuno, comida y cena, Louie evocaba el recuerdo de una comida, repasando con todo detalle cómo se preparaba, mientras Phil y Mac escuchaban con interés. Si se le olvidaba batir un huevo antes de añadirlo a la carbonara, o hacer muescas en los gnocchi con el reverso de un tenedor antes de hervirlos, sus compañeros se lo recordaban.

Por entonces, ya estaban desesperadamente sedientos, y aunque se distraían pensando en comidas imaginarias, era fácil comprobar lo rápido que estaban perdiendo peso. Cada dos días Louie tenía que apretarse un agujero el cinturón de su pantalón, y el rostro de Phil presentaba un aspecto alargado y macilento. Sus ojos también habían perdido su brillo, lo que preocupaba a Louie.

La mañana del 2 de junio de 1943, cuando los hombres llevaban cinco días en las balsas, Louie divisó una pequeña nube formándose en el horizonte. Progresivamente se fue haciendo mayor y flotaba en dirección a ellos. Dejaron de hablar al verla sobre sus cabezas, tapando el sol durante un glorioso minuto. Después cayó una gota, y otra. ¡Estaba lloviendo! Louie echó hacia atrás su cabeza, riendo y abriendo su boca para atrapar las gotas de agua fresca. También se quitó la camisa, para que la lluvia lavase su cuerpo pegajoso y cubierto de sal.

Mientras caía la lluvia, Louie comprendió que tenía que encontrar un medio de recogerla. Las cantimploras de cuarto de litro eran inútiles. Sus bocas no eran mucho más grandes que una moneda de cuarto de dólar. Buscó en el bolsillo de la balsa algo que pudiese usar. Sacó las bombas de aire. Cada una de ellas venía en una bolsa de lona. Louie rasgó rápidamente la costura de cada una de las bolsas para formar tazones de tela. Le dio uno a Mac y sostuvo el otro bajo la lluvia.

Parecía demasiado bueno para ser verdad, y lo era. Una gran ola rompió contra la balsa mezclando agua marina salada con el agua de lluvia del interior de las bolsas. Louie tiró el agua por la borda y empezó de nuevo. Esta vez tenía que pensar en una forma de proteger el agua potable. Esperó hasta haber recogido unos centímetros de agua en el fondo de la bolsa y luego se lleno las mejillas de agua de lluvia, le quitó la tapa a la cantimplora y vertió el agua dentro. No era un sistema muy higiénico, pero funcionaba. Antes de que parase de llover ya habían llenado las ocho cantimploras de agua.

También se turnaron para utilizar los sacos de lona como sombreros. Estos les ayudaban a proteger del sol abrasador sus labios hinchados y llenos de ampollas.

Durante el noveno día en las balsas, Louie estaba sentado con uno de los sacos de lona sobre su cabeza cuando un albatros se posó sobre él. El ave, ignorando que se había posado sobre un hombre, permaneció posada, completamente desprevenida, mientras Louie alzaba lentamente su mano hasta colocarla junto al animal, hasta que la cerró a la velocidad del rayo en torno a las piernas del albatros. Éste empezó a forcejear, pero Louie consiguió dominarlo y al final le rompió el cuello.

Luego, fue despedazándolo con los alicates y repartiendo los pedazos de carne cruda entre Mac y Phil para que se los comieran. No fue posible, el pájaro apestaba. De hecho, olía tan mal que tampoco Louie pudo comerse la carne; en lugar de ello decidieron utilizarla como cebo. Louie sacó los anzuelos, ató uno de ellos a la línea, le puso carne de albatros y lo hizo descender sobre uno de los costados de la balsa. Casi inmediatamente un tiburón nadó hasta allí y se tragó tanto el cebo como el anzuelo. Louie puso carne en otro anzuelo y lo introdujo en el agua, pero sucedió exactamente lo mismo. Lo intentó por tercera vez, y de nuevo otro tiburón se acercó nadando y se tragó el cebo sin consecuencias. Al cuarto intento, los tiburones ignoraron anzuelo y cebo, y unos momentos después Louie izó a la balsa un pez piloto. Incluso él tuvo que admitir que se trataba de un pez muy birrioso. Una vez más, utilizó los alicates para despedazarlo y, aunque el pescado crudo era insípido, al menos no apestaba como el albatros y pronto quedó reducido a una pila de espinas.

La vida en la balsa era monótona. La única diferencia entre cada día era el propio océano. A veces las olas eran tan altas que las balsas se comportaban como carros de una montaña rusa, ascendiendo una cara de las olas para luego desplomarse por el otro lado a toda velocidad. Otras veces, el océano estaba tan tranquilo como un estanque, y Louie podía escuchar a los peces saltar fuera del agua a cincuenta metros de distancia.

A medida que pasaban los días cada vez se encontraban peor. Grandes furúnculos y ampollas producidas por la sal cubrían el cuerpo de Louie, le dolían los dientes y el interior de la boca se le hinchó tanto que apenas podía tragar. También le costaba mucho dormir. Durante el día hacía demasiado calor y por la noche se helaba. Cuando conseguía quedarse dormido, soñaba que yacía en una superficie dura: una pila de madera, un tejado, no importaba, con tal de que fuese algo sólido. También soñaba con comida, no con los banquetes y bufés de los que había disfrutado, sino con los restos que solía arrojar al montón del compost cuando era niño: corazones de manzana, cáscaras de plátano o de guisantes. ¡Lo que daría ahora por conseguir esos desperdicios!

Al decimotercer día tras el accidente, el miércoles 9 de junio, Louie recordó que era el cumpleaños de su padre, que cumplía cincuenta y cuatro años. Se preguntó qué estarían haciendo sus padres y qué sería de sus hermanas. Pero, sobre todo, le preocupaba su hermano Pete. ¿Qué estaría haciendo? ¿Estaría en Europa o en el Pacífico? Y la gran pregunta que casi ni prefería hacerse, ¿estaría vivo o habría muerto?

Al día siguiente, un segundo albatros aterrizó en la balsa. Una vez más, Louie consiguió atrapar al pájaro desprevenido, que no olía tan mal como el anterior, por lo que pudieron comerse su carne. Louie y Phil derramaron la sangre del pájaro sobre la boca de Mac, ya que era el que estaba más débil. Louie agradeció que el albatros tuviese algunos peces pequeños en el estómago y los usó como cebo. Gracias a ello consiguió pescar un pez más grande, que también se comieron.

Cuando las cantimploras de agua volvieron a acabarse, Louie empezó a dudar de que lograsen sobrevivir. Recordó que justo cuando llegó por primera vez a Hawái acababan de rescatar a Eddie Rickenbacker, el as de la aviación de la primera guerra mundial, y a su tripulación. Su fortaleza volante B-17D se había quedado sin combustible y había caído al Pacífico central durante un recorrido por las distintas bases aéreas del Pacífico. Rickenbacker y los demás tripulantes habían establecido el récord de veintiún días a la deriva en balsas como aquella en la que Louie se encontraba. Cuando los recogieron, estaban deshidratados, tenían alucinaciones y se encontraban a punto de morir. Louie estaba seguro de que veintiún días en una balsa salvavidas representaban lo máximo que un ser humano podía soportar.

Capítulo 12

¡Al fin tierra firme!

Cuando llevaban quince días en la balsa, el cuerpo de Louie clamaba desesperadamente por agua. Sus labios estaban tan hinchados que su labio superior tocaba su nariz; también tenía hinchados los pies, y su garganta estaba tan rasposa que apenas podía hablar. Lo único que podía hacer era orar.

—¡Eh, muchachos! —dijo con voz ronca a los demás—. ¿Qué tal si oramos pidiendo agua?

—De acuerdo —respondió Phil también afónico. Mac asintió y Louie se puso a orar.

—Dios, necesitamos agua pronto. Por favor, envíanos agua. Si escuchas mis oraciones y nos salvas, te buscaré y te serviré el resto de mi vida.

Sabía que sonaba como si estuviese negociando con Dios, y confiaba en que Dios le disculparía por ello.

Una hora más tarde apareció una pequeña nube en el horizonte. Rápidamente avanzó por el cielo hasta situarse encima de las balsas. La lluvia empezó a caer torrencialmente, y Louie dejó escapar un grito de alegría y levantó su boca hacia las gotas que caían del cielo. Después tomó la bolsa de lona de las bombas de aire para recoger el precioso líquido.

Varios días después, cuando se quedaron de nuevo sin agua potable, Louie oró una vez más y ocurrió exactamente lo mismo. Luego alzó una oración de acción de gracias a Dios, seguida poco después por un desesperado ruego de que salvase su vida.

Más tarde, ideó un plan para capturar y matar uno de los tiburones que amenazaban sus balsas. Phil tomaría algún cebo y lo metería y sacaría del agua para atraer la atención del tiburón. Cuando éste se aproximase al cebo, Louie se inclinaría por la borda, lo agarraría por la cola, lo subiría a la balsa y lo mataría.

Cuando un tiburón de metro y medio se acercó al cebo, Louie estaba de rodillas, preparado para atacar. Se inclinó, agarró la cola del tiburón y dio un tirón. Pronto se dio cuenta de que un escualo de ese tamaño era mucho más fuerte que un hombre, sobre todo si el hombre estaba encorvado y arrodillado en una lancha de goma. En lugar de subir al tiburón hasta la balsa, lo único que consiguió fue caer por la borda. Soltó una oración desesperada y saltó desde el agua de nuevo a la balsa en un arranque de fuerza sobrehumana, como impulsado por un cohete.

Cuando recuperó la calma, pensó en dónde había fallado su plan. Llegó a la conclusión de que había intentando atrapar un tiburón demasiado grande para el tamaño de la balsa. Además, se había puesto de rodillas con el torso demasiado erguido, lo que facilitaba que perdiese el equilibrio, y tampoco había planeado cómo matar al tiburón una vez izado a bordo. Louie hizo algunos ajustes a su plan. Dos días más tarde, aprovechando que nadaban junto a la balsa algunos tiburones de alrededor de un metro, pudo ponerlo en práctica de nuevo.

Louie cebó un anzuelo con un pequeño pececillo que había saltado a la balsa y se lo entregó a Phil para que lo balancease en el agua. Cuando un tiburón de unos ciento veinte centímetros empezó a acariciar el cebo con la nariz, Louie, permaneciendo tan agachado como pudo, se inclinó sobre la borda, agarró su cola y, con un esfuerzo gigantesco, lo subió a la balsa. El sorprendido tiburón abrió su boca y Phil metió un cartucho de bengala vacío entre sus fauces. El tiburón cerró sobre él sus mandíbulas mientras Louie agarraba el mango de los alicates con forma de destornillador y se lo clavaba al tiburón. El tiburón agitó con fuerza la cola y luego permaneció quieto. Phil y Louie se quedaron mirando fijamente su «captura».

Louie maldijo el kit de supervivencia por no incluir un cuchillo. Le habría encantado tener uno en ese momento. En lugar de un cuchillo saco el espejo, al que había hecho muescas a lo largo de uno de sus bordes utilizando los alicates, y lo utilizó para arrancarle al tiburón la piel, que era áspera como papel de lijar. Tras diez largos minutos consiguió llegar hasta el estómago. Al abrirlo su nariz se vio golpeada por un intenso olor a amoniaco que casi le hace vomitar. Louie recordó las palabras de su instructor de supervivencia diciéndole que no comiese carne de tiburón cruda, ya que sólo el hígado del tiburón podía comerse sin cocinar. Éste suponía casi una cuarta parte del cuerpo del animal, así que no era difícil de encontrar. Louie palpó el órgano rojo y aceitoso, y no tardó en despedazarlo y repartirlo entre los tres. Al deslizarse por su garganta, el hígado crudo de tiburón le recordó a Louie el caramelo caliente que resbala sobre un helado.

Los días a la deriva fueron pasando, y el 17 de junio de 1943 se cumplió el vigésimo primer día en las balsas. Louie consideró igualado el récord establecido por Rickenbacker y su tripulación, y haciendo acopio de todo su sentido del humor, le dijo a Mac de broma:

—Ahora que hemos batido el récord, les dejamos que vengan a rescatarnos cuando ellos quieran.

Seis largos y monótonos días después, escucharon el runrún distante de los motores de un avión. Louie levantó la vista y vio un bombardero que se alejaba de ellos. Con su cola doble, aquel avión parecía un B-25. Louie y Phil decidieron utilizar varias de sus bengalas y un paquete de tinte para llamar su atención. Louie disparó una bengala apuntándola todo lo cerca del avión que pudo, y después abrió el paquete de tinte y lo derramó en el mar. Después disparó dos bengalas más mientras Phil utilizaba el espejo para lanzar destellos al avión distante. Pero no sirvió de nada y el bombardero continuó su camino.

Abatido, Louie se dejó caer sobre el fondo de la balsa. No era posible que el avión que había pasado hubiese dejado de verlos. Al rato se volvió a animar al escuchar de nuevo el sonido de los motores de un avión. En efecto, el bombardero les había visto y estaba regresando. Por fin iban a ser rescatados. Mac y Phil hicieron señas a la aeronave que se aproximaba. Los ojos de Louie se inundaron de lágrimas. Habían sobrevivido veintisiete días a la deriva y ahora estaban a punto de ser recogidos y llevados rápidamente a un lugar donde tendrían comida, agua y un suelo firme bajo sus pies.

El avión descendió aún más y se dirigió directamente hacia ellos. De repente, sus ametralladoras abrieron fuego. Louie no podía creerlo. Los tres hombres se lanzaron al agua zambulléndose bajo la superficie. Las balas impactaban en las balsas y en el mar. Louie las vio dar en el agua e ir perdiendo fuerza durante un metro, para luego caer verticalmente al fondo. Cuando dejaron de ametrallarlos, ayudó a Mac y a Phil a volver a la balsa acribillada y luego subió él mismo.

—¡Qué diantre! ¿Cómo es posible que nuestros muchachos nos hayan tomado por japoneses? —exclamó Louie mientras escuchaba al avión dar la vuelta para pasar por segunda vez sobre ellos. Fue entonces cuando vio el círculo rojo sobre uno de los lados del fuselaje. Era un bombardero japonés, y no un B-25 como había pensado.

El bombardero se acercó de nuevo volando bajo, preparado para ametrallarlos una vez más. Phil y Mac habían quedado demasiado exhaustos después de la primera pasada como para volver a lanzarse al agua. Ambos se acurrucaron en el fondo de la balsa y se hicieron los muertos, mientras que Louie se tiró por la borda al océano sujetando una cuerda de nylon, para así no separarse de las balsas. Más balas impactaron contra el agua, y Louie pudo ver como los disparos agujereaban las balsas. Sabía que Phil y Mac tenían que haber sido alcanzados muchas veces.

Entonces fue súbitamente consciente de otro peligro: los tiburones. Un ejemplar de más de dos

metros se acercó rápidamente a él con la boca abierta, enseñando los dientes. Louie abrió los ojos todo
lo que pudo y le enseñó también los dientes al tiburón, justo como le habían enseñado a hacer en
Hawái. Aquello al tiburón no le impresionó en absoluto, y siguió avanzando. Cuando estaba al alcance
de su brazo, Louie le golpeó en el morro y el escualo
se retiró.

Cuando consiguió encaramarse de nuevo a la
balsa comprobó que Mac y Phil yacían intactos, sin
un solo agujero de bala en sus cuerpos. Se quedó
asombrado. Podía ver agujeros de bala por todas
partes a su alrededor. De repente, se dio cuenta de
que el bombardero japonés regresaba para ametra-
llar la balsa por tercera vez.

—Háganse los muertos —dijo a Phil y a Mac
mientras él volvía a lanzarse al océano.

Una vez más, Louie se metió bajo la superficie,
debajo de las balsas, defendiéndose de los ataques
de los tiburones mientras intentaba evitar la lluvia
de balas. Aquella experiencia horrorosa estaba con-
sumiendo rápidamente cada gramo de sus fuerzas
físicas y sus energías emocionales.

Cuando el avión pasó y las balas dejaron de caer,
volvió a la balsa. Tampoco esta vez Phil y Mac habían sido alcanzados, y Louie escuchó al avión que
se disponía a pasar por cuarta vez. De nuevo volvió
al agua a pelearse con los tiburones y esquivar las
balas, pero esta vez no sonaron los disparos. Asomó
la cabeza y vio al bombardero abrir el compartimento inferior y soltar una carga negra de profundidad.
La carga impactó en el agua a unos quince metros
de ellos y Louie supo que había llegado su fin. A esa
distancia tan corta, él, Phil y Mac morirían cuando la

carga explotase. Pero mientras repelía el ataque de otro tiburón se quedó asombrado, la carga de profundidad no explotó, sino que se limitó a hundirse. La única explicación era que el encargado de soltar las bombas no hubiese armado adecuadamente la carga antes de dejarla caer. Le costaba creer que cualquiera de los tres pudiese estar todavía vivo. ¿Cómo era posible que las balsas estuviesen llenas de agujeros y ninguno de ellos tuviese siquiera un rasguño?

El bombardero pasó para dar otra pasada sobre las balsas, pero Louie estaba ya demasiado cansado como para arrojarse al agua, así que se limitó a acostarse junto a Phil y a Mac, y esperó a ver lo que sucedía. Afortunadamente, no hubo más fuego de ametralladora. El bombardero pasó sobre ellos y se dirigió al oeste.

Louie examinó la situación. La balsa que Phil había utilizado estaba completamente deshinchada y los agujeros casi la habían partido por la mitad. Todo lo que contenía se había perdido en el mar. La balsa en la que se encontraban ahora los tres tenía agujeros en numerosos lugares, pero contenía suficiente aire lo que, unido a la flotabilidad natural de la goma, bastaba para mantenerlos a flote.

Los tiburones que los rodeaban vieron su oportunidad. Con la balsa baja en el agua se abalanzaron intentando agarrar a alguno de los hombres. El primer tiburón en intentarlo les pilló por sorpresa y aterrizó medio cuerpo dentro de la balsa, justo al lado de Louie. Instantáneamente, Phil tomó un remo de aluminio y a golpes consiguió que el tiburón volviese al agua. Después otro tiburón hizo lo mismo, pero para entonces los tres sujetaban remos en las manos y golpeaban a los tiburones, haciéndolos retroceder.

Louie sabía que debía hacer algo para intentar salvarse a sí mismo y a los hombres que le acompañaban. Los golpetazos de los tiburones sobre los bordes de la balsa estaban haciendo que esta se hundiese todavía más en el agua. Louie encontró la bomba de aire de emergencia, la unió a una válvula y empezó a bombear con todas sus fuerzas para que el aire volviese a los dos tubos que hacían flotar la balsa. El aire salía de los agujeros de las balas un poco más despacio de lo que entraba gracias a la bomba, así que la balsa empezó a elevarse en el agua, pero los tiburones seguían dando golpes.

Finalmente, ideó un sistema en el que debían colaborar todos. Uno de ellos tenía que bombear aire en la balsa, otro debía golpear a los tiburones con el remo y, mientras tanto, Louie comenzaría a reparar los agujeros de la balsa. Cuando el que bombeaba se cansase, se cambiaría con el otro hombre, mientras que Louie seguiría parcheando. No obstante, como Phil y Mac estaban tan débiles, Louie continuó bombeando aire durante un rato para llenar más la balsa antes de poner en práctica su plan. Sin embargo, cuando empezaron, Louie quedó impresionado por la habilidad de Mac para repeler a los tiburones a pesar de lo débil que estaba.

Uno a uno, Louie fue parcheando todos los agujeros de la balsa, recortando la lona que cubría la goma agujereada con el borde del espejo, secando la goma, y después desbastándola un poco antes de pegar uno de los parches sobre el agujero, sujetándolo en su sitio hasta que el pegamento hubiese actuado. A veces una ola barría la balsa, mojando el parche antes de que el pegamento se hubiese secado, y no tenía más remedio que empezar todo de nuevo. Cuando cayó la noche y Louie no pudo ver lo suficiente como para continuar poniendo parches, los tres se turnaron para hacer funcionar la bomba y mantener la balsa a flote. Con las primeras luces de la mañana, Louie se puso de nuevo a arreglar la balsa hasta que todos los agujeros de la parte superior estuvieron parcheados. Ahora tenía que idear un plan para tapar los agujeros de la parte inferior de la balsa.

Como esta estaba formada por dos tubos de goma, Louie dejó escapar el aire de uno de los tubos y luego puso esa mitad encima de la mitad que flotaba. Fue reparando uno a uno todos los agujeros de la parte desinflada y cuando terminó, volvió a inflar el tubo y dejó escapar el aire de la otra mitad de la balsa, para repetir así todo el proceso. Mientras trabajaba, Phil y Mac vigilaban a los tiburones que merodeaban por allí. Casi exhausto, Louie terminó el trabajo de reparación. Había parcheado cuarenta y ocho agujeros.

La lancha utilizada por Phil era imposible de reparar. El sol implacable había reducido su revestimiento de goma amarilla a una sustancia viscosa. Pero Louie sabía que bajo la goma había dos capas de lona. Durante varios días separó la goma de la lona mediante los alicates. Ahora tenía dos sábanas de tela. Juntas, eran los suficientemente grandes como para proporcionar sombra durante el día y hacer de manta durante la noche. Fue maravilloso poder protegerse del brillo directo del sol durante el día.

Lamentablemente, esta innovación llegó demasiado tarde para Mac, que murió durante la trigésimo tercera noche en la balsa, con su cuerpo totalmente consumido. Louie pronunció unas breves

palabras sobre el cuerpo de Mac. No sabía muy bien
que decir, así que improvisó una oración uniendo
las frases de todas las películas del oeste que había visto, en las que un vaquero enterraba a otro
en el desierto. Louie y Phil echaron con delicade-
za el cuerpo del sargento Francis McNamara por la
borda. Mac pesaba sorprendentemente poco, Louie
calculó que debían de ser tan solo unos veinte kilos.
Vieron como el cuerpo de Mac se hundía hasta per-
derse de vista y Louie se alegró de que los tiburones
le dejasen en paz.

Ahora solo quedaban ellos dos, y si sus cálculos
eran correctos, faltaban otras dos semanas aproximadamente antes de que pudiesen tocar tierra. El
ataque del bombardero japonés había ayudado a
Phil y a Louie a orientarse. Dado el alcance del bombardero, la hora probable de la mañana a la que habría despegado, el momento en el que les atacó, así
como la duración del ataque, Phil estimó que debían
de estar a unos 1400 kilómetros de tierra, ya fuese
de las islas Marshall o de las Gilbert. Si estaba en
lo cierto, habían vagado a la deriva unos 2000 kilómetros a través del Pacífico desde el lugar donde habían tenido el accidente con el Avispa verde, mucho
más hacia el oeste de lo que Louie hubiera podido
jamás imaginar.

Afortunadamente, la lluvia cayó con la suficiente
frecuencia como para mantener llenas las cantimploras que les quedaban, pero casi no tenían comida. Louie utilizó su distintivo de teniente como
anzuelo pero solo consiguió pescar un pez antes de
que se perdiera por la borda. Los días se fundían
unos con los otros. Louie y Phil seguían cantando
y Louie continuó con su rutina de imaginar tres

comidas al día. Pero ya no era lo mismo, a Louie había dejado de importarle la comida y Phil dejó de corregirlo, o de añadir ingredientes a los platos. Ya no tenían apetito. Sabía que aquello constituía la etapa final del hambre. Estaban en una carrera por salvar sus vidas, tenían que encontrar tierra firme antes de morir de inanición.

A medida que la balsa avanzaba hacia el oeste vieron señales alentadoras. Ocasionalmente les sobrevolaba una bandada de pájaros, y escuchaban un ruido sordo a distancia. Louie y Phil notaron también pequeñas motas en el cielo distante, aviones que estaban demasiado lejos como para hacerles señales. De estas cosas concluyeron que se estaban acercando a tierra; tierra controlada por japoneses.

La mañana de su cuadragésimo sexto día en la balsa empezó a formarse una tormenta. Las nubes eran bajas y oscuras, y Louie se preparó para ser sacudido como nunca antes. A medida que la tormenta se aproximaba comprendió que ni él ni Phil tendrían fuerzas para volver a la balsa si eran arrojados de ella; así que tomó una cuerda de nylon, la enrolló alrededor del cojín hinchable que había en medio de la balsa, y después la pasó alrededor de su cintura y la de Phil. Si la tormenta hacía volcar la balsa, podrían sujetarse a la cuerda atada a sus cuerpos, mientras que la balsa volcada les proporcionaría flotabilidad. Louie y Phil se quedaron en el fondo de la balsa, con las piernas pegadas al cojín intentado repartir su peso de forma equilibrada.

Louie no tardó en darse cuenta de que aquella no era una tormenta normal, sino todo un tifón. La lluvia les azotaba mientras enormes olas, algunas de quince metros de altura, barrían el océano. La balsa se elevaba muy alto en el cielo antes de descender vertiginosamente por la otra cara de las olas. Cuando se encontraban en un valle entre ola y ola, Louie introducía agua en la balsa para que actuase como lastre, manteniéndola baja, con la esperanza de aumentar su estabilidad en el agua. Mientras subían y bajaban sobre aquellas olas inmensas, pudo divisar una línea larga y baja en la distancia. Phil también la vio. ¡Era tierra, al fin!

El tifón se fue volviendo más y más violento y a Louie empezó a preocuparle que los arrojase a los arrecifes de coral que rodeaban la costa que tenían ante ellos. Pensó en lo irónico que sería matarse contra el primer trozo de tierra que viesen.

La tormenta rugió toda la noche y les causó más miedo entonces que durante el accidente del Avispa verde. Cuando finalmente llegó la mañana, apenas podía creerlo. La tormenta había pasado y él y Phil habían sobrevivido a su furia. Ahora vagaban hacia una hilera de pequeñas islas. Pronto estarían lo suficientemente cerca como para ver los cocos en las palmeras y las cabañas de paja, pero no a los habitantes. Muy arriba, los Zeros japoneses surcaban el cielo.

Louie sabía que los japoneses habían desalojado por la fuerza a muchos nativos de sus pequeñas islas, llevándolos a islas mayores para trabajar como esclavos. Tenía la esperanza de que esta fuera una de esas islas desalojadas. Si conseguían pasar desapercibidos, quizá pudiesen comer fruta y pescado, y vivir allí el tiempo necesario hasta que acabase la guerra, justo bajo las narices de los japoneses.

Aquello sería increíble, pensó Louie.

Pero no era eso lo que iba a suceder. Por el rabillo del ojo pudo ver un barco de dos mástiles. Se quedó helado y le hizo una seña a Phil. Ambos hombres empezaron a remar hacia tierra, pero no eran lo suficientemente rápidos. El barco viró y se dirigió a toda velocidad hacia ellos. Phil y Louie dejaron de remar; era inútil, no podían ir más rápido que el barco japonés. Cuando el barco llegó a la altura de la balsa, una fila de marineros japoneses se alineó en la cubierta de estribor, cada uno de ellos les apuntaba directamente con una ametralladora.

Capítulo 13

Prisionero de guerra

Quince minutos más tarde ambos estaban atados respectivamente a cada uno de los mástiles. Como sus piernas estaban demasiado débiles como para ponerse en pie, tuvieron que gatear por cubierta para llegar allí.

¡Bam! Louie escuchó el sonido de la culata de una pistola al impactar contra la mandíbula de Phil. Sabía que él sería el siguiente. Louie se preparó para el impacto, recordando un viejo movimiento de boxeo que su padre le había enseñado. Justo cuando el marinero lanzó la culata de su pistola hacia él, hecho hacia atrás su cabeza como si hubiese sido golpeado. La pistola no le tocó, pero Louie casi se noqueó a sí mismo al golpearse la nuca contra el mástil.

Alguien que parecía ser el capitán apareció para impartir órdenes. Los dos aviadores estadounidenses fueron desatados y se les permitió sentarse en cubierta. Otro marinero les hizo una inclinación de cabeza y les trajo un tazón de agua a cada uno y una galleta dura. Louie mordió un pequeño pedacito y dejó que se asentase en su boca. Bebió un sorbo de agua y sintió que arrastraba la comida hacia abajo. Esperaba que su estómago no la rechazase. Habían pasado ocho días desde la última vez que había comido algo.

Apenas terminó de comerse la galleta cuando apareció otro barco en la albufera y se detuvo al costado. Los marineros les levantaron, y medio en volandas medio a rastras, los llevaron hasta la borda, izándolos y haciéndolos pasar al barco recién llegado. Los marineros de este segundo barco no los maltrataron, sino que los alimentaron con más galletas y pulpa de coco. El trayecto fue corto, y pronto él y Phil fueron desembarcados y llevados a una pequeña enfermería. Louie se tumbó en el mullido colchón cubierto con una sábana de algodón limpia. Se sintió como si se acostase en una nube.

Un médico que hablaba inglés entró en la habitación, examinó a cada hombre y les ayudó a subir a una balanza. Louie pesaba unos treinta y dos kilos. Había perdido más de la mitad de su ya de por sí escaso peso corporal, vagando a la deriva en la balsa. El doctor pareció querer corregir la situación lo más rápidamente posible, así que pidió comida para los hombres. Aparecieron grandes cantidades de huevos, pan, jamón y ensalada de fruta, y leche para beber. Louie apenas podía creer en su suerte. Después de todo, ser un prisionero de guerra de los japoneses no iba a resultar tan difícil.

Un oficial, que también hablaba inglés, entró en la habitación de la enfermería. Preguntó educadamente a Louie y a Phil cómo habían acabado en la balsa, y Louie le contó la historia. A cambio, el oficial les informó de que habían acabado en el atolón de Wotje, en las islas Marshall.

Durante los dos días siguientes, Louie y Phil tuvieron todo lo que quisieron: comida, medicinas y sueño. Al tercer día, todo cambió. Ambos fueron llevados a bordo de un carguero y un oficial dijo que les llevaban al cercano atolón de Kwajalein. Las últimas palabras del oficial fueron estremecedoras:

—Una vez que les dejemos allí no podemos garantizar su vida.

En el carguero se les trató bien, aunque Louie sentía que le crecía un nudo en el estómago cada vez que pensaba en lo que podrían encontrarse a partir de entonces. Tras veinticuatro horas de navegación, le vendaron los ojos y lo desembarcaron como si fuera un saco de patatas, arrojándolo a la plataforma de un camión, donde pudo sentir cada bache del corto trayecto. Después, alguien se lo echó al hombro de nuevo, lo transportó unos poco metros y lo arrojó al suelo. Le quitaron la venda y vio a un soldado japonés salir por una puerta, cerrarla, y le pareció que alguien echaba un cerrojo.

Louie sentía su mente girar, e intentó averiguar dónde estaba. Se encontró a sí mismo en una pequeña celda de madera, el suelo era del tamaño de un ataúd, y las paredes, de unos dos metros de altura, sostenían un techo formado por hojas de cocotero.

Pronto descubrió que no estaba solo en la celda. A medida que sus ojos se iban acostumbrando a la penumbra vio que el suelo bullía de unos objetos blancos y ondulantes, ¡gusanos! Se le subían por las piernas y se metían en las heridas causadas por la sal. Louie dio un respingo. Intentó aplastarlos, así como a las moscas y mosquitos que empezaron a llegar en masa.

Por un momento, deseó haber continuado en la balsa en mar abierto. Al menos allí podría haber muerto con su amigo y camarada, y con dignidad. Ahora carecía de ambas cosas. Por primera vez desde que empezase esta difícil situación, hacía casi dos meses, Louie se derrumbó y lloró.

Al anochecer, un guarda abrió la puerta de la celda y agarró a Louie por el cuello de la camisa. Aún llevaba la ropa con la que había sido «rescatado», aunque estaba andrajosa y teñida de amarillo debido a la goma de la balsa. El guarda empujó a Louie por la celda y le colocó la cabeza cerca del agujero que hacía las veces de retrete. Louie empezó a tener arcadas, hasta ese momento había intentado mantenerse lo más lejos posible de aquel agujero, y ahora el guarda quería que durmiese con la cabeza pegada a él. Louie vio a una rata caminando por el cubo que había debajo del agujero y se echó hacia atrás. Su reacción le valió recibir una patada. Sabía que no servía para nada resistirse.

Despertó tras una larga noche rascándose las picaduras de los mosquitos y aplastando gusanos demasiado atrevidos. El guarda había arrojado unas galletas a su celda, que se desmoronaron al chocar con el suelo y Louie gateó buscando las migajas. Tras reunir todas las que pudo, notó que había una pequeña taza en el marco de la ventana. La alcanzó y vio que contenía té, que se bebió de un solo trago. Aquella pequeña taza le recordó a las tazas de juguete con las que sus hermanas jugaban a las muñecas cuando eran pequeños.

Era consciente de que su sistema digestivo estaba hecho un desastre. Durante un día había tenido agua, leche y té para beber, y ahora casi no tenía ni agua. Le preocupaba morirse de sed, ya que además sufría una fuerte diarrea. Sabía que era prisionero de guerra y que, según la Convención de Ginebra, tenía ciertos derechos, así que rogó que le enviasen un médico. Tras varios días de espera, un doctor se acercó al fin a su celda, le observó a través del ventanuco que había en la puerta y empezó a reírse de él. Louie quedó consternado. ¿Acaso esta gente no tiene compasión?, se preguntó. A pesar de ello, sabiendo que debido a la diarrea necesitaba más líquido si no quería morir, cambió de estrategia y en vez de pedir un médico, empezó a pedir más agua.

Finalmente, un guarda pareció entenderlo, y Louie vio como se detenía junto a la ventana sujetando una taza de agua. Cuando estiró la mano para agarrarla, el guarda sonrió y le arrojó el agua a la cara. Era agua hirviendo, y Louie se echo hacia atrás con la mejilla escaldada. Pero incluso con la cara llena de ampollas debido a la quemadura, seguía necesitando agua, así que volvió a pedirla, y el guarda le hizo exactamente lo mismo.

Sentado en su celda, día tras día, empezó a pensar que él y Phil eran los únicos prisioneros en aquel lugar. A veces escuchaba a Phil gemir o moverse unas celdas más allá, pero nunca escuchaba a nadie más. Sin embargo, se sentía como si viviese con los fantasmas de otros once hombres. En una de las paredes estaban grabados los nombres de once estadounidenses capturados en el ataque a la isla Makin, en el archipiélago de las Gilberts. Se enteró porque se lo explicó un nativo de Kwajalein que hablaba un excelente inglés, y visitó su celda una mañana. Cuando Louie le preguntó qué le había ocurrido a aquellos once hombres, el nativo hizo el gesto de pasarse la mano horizontalmente por la garganta.

—Ejecución a espada —dijo—. A esta isla se la conoce como «Isla ejecución», ya que nadie sale vivo de estas celdas.

Aquella noticia hizo que Louie se preguntara por qué le mantenían vivo los japoneses. Descubrió parte de la respuesta el día que le arrancaron de su celda y le arrastraron hasta el porche de un gran edificio. Phil estaba justo detrás de él. Al mirar a su alrededor se le encogió el corazón. Detrás había dos médicos con sus batas blancas acompañados por cuatro hombres. Estos llevaban portapapeles, cronómetros y un maletín médico. Frente al porche, un gran grupo de japoneses observaban la escena en ominoso silencio, con los ojos puestos en Louie.

—Túmbate —dijo en inglés un médico—. Esto es por el bien de la humanidad.

Louie alzó la vista y vio que le acercaban una gran jeringuilla hipodérmica. Intentó revolverse pero los ayudantes del médico le sujetaron bien.

—Dinos lo que sientes —ordenó el doctor, que empezó a inyectarle en el brazo un líquido verde ahumado.

Escuchó un clic, y se preguntó si el cronómetro estaría registrando los últimos segundos de su vida. El porche empezó a girar a su alrededor, sintió como si por su piel caminasen gusanos al rojo vivo y le palpitaba la cabeza, pero el médico siguió inyectándole.

—Voy a desmayarme —gritó Louie, y en ese momento perdió la conciencia.

Despertó en su celda con la boca tan seca como el algodón y el cuerpo ardiendo. El médico fue a ver cómo estaba y pronto Louie mostró síntomas de recuperación. El experimento se repitió en otras dos ocasiones con más líquido verde. Finalmente, la cuarta vez le llegaron a inyectar medio litro de golpe en el cuerpo.

Todo esto le dejó débil y desorientado. Recordó las palabras de su hermano Pete: «Si consigues soportar, conseguirás triunfar». Empezó a preguntarse cuánto más podría soportar aquel tratamiento. Sentía más dolor de lo que podía soportar, así que era casi un alivio cuando se sentía tan mal que su mente parecía flotar liberándose de su cuerpo. Louie tenía la vaga conciencia de que el doctor le había visitado de nuevo y había utilizado la expresión fiebre del dengue. Había oído hablar de aquella enfermedad, también conocida como fiebre «quebrantahuesos». Pero fuese lo que fuese, a Louie le encantaba poder dejar su cuerpo atrás y sumirse en la inconsciencia.

Los días pasaron borrosos y apenas se fijó cuando los tripulantes de un submarino japonés pasaron por su celda para escupirlo y arrojarle palos y piedras. Cuando al fin le dejaron solo, se dio cuenta de que sangraba y estaba cubierto de esputos, pero apenas le importó.

Tras cuarenta y dos días en Kwajalein, ocurrió algo totalmente imprevisto. Louie escuchó como un grupo de guardas se congregaban frente a la puerta de su celda y hablaban en voz baja. Sabía que estaba pasando algo, pero ¿el qué? Al cabo de un rato un oficial abrió la puerta y Louie contuvo el aliento. ¿Habría llegado el fin?

—Mañana embarcarás en dirección a Truk, y de allí navegarás hasta Yokohama, donde permanecerás como prisionero de guerra —anunció el oficial.

A Louie le costó creer que no fuese un truco para sacarlo de la celda y ejecutarlo. Pero, en efecto, el 26 de agosto de 1943, Louie y Phil fueron arrastrados hasta el puerto y subidos a bordo de un navío japonés. Durante los veintiún días que duró el viaje Louie pensó en todos los derechos que conllevaba ser un prisionero de guerra: paquetes de la Cruz Roja, comida adecuada, atención médica, el derecho a contactar con tu familia y hacerles saber que estabas a salvo. Louie no tenía ni idea de por qué él y Phil se habían librado de ser ejecutados, pero a medida que el barco avanzaba en dirección norte, tenía la esperanza de que lo peor de su prueba hubiese pasado.

Capítulo 14

Ofuna

Después de tres semanas de trayecto, Louie fue desembarcado con los ojos vendados e introducido en un automóvil. Le condujeron aproximadamente durante una hora a lo largo de un camino ascendente y sinuoso. Cuando se detuvieron, le llevaron al interior de un edificio y le quitaron la venda. Era una simple casa de baño. Frente a él, una bañera llena de agua caliente y de desinfectante.

—Métete —dijo un guarda.

Louie se quitó la ropa encantado y se metió en el agua. Era el primer baño o ducha que se daba desde que despegara de Oahu en el Avispa verde el 27 de mayo anterior. Vio una pastilla de jabón y empezó a frotarse el cuerpo. Sintiéndose humano de nuevo, casi tenía ganas de cantar.

Al salir del baño se le pidió que se pusiera de nuevo sus ropas. Tenía la esperanza de que le diesen

unas limpias, pero el guarda apuntó con la bayo-
neta a las que se acababa de quitar. Louie estaba
preocupado. Si aquello era un campo de prisioneros
inspeccionado por la Cruz Roja, ¿cómo es que tenía
que vestir aquellas ropas sucias y harapientas?

Otro guarda entró y le afeitó el pelo y la barba.
Aunque mientras estuvo en la balsa le habría encantado librarse de la barba, ahora se preguntaba
acerca del invierno venidero. En el colegio no había
prestado mucha atención a la geografía, pero recordaba imágenes de pueblos japoneses bajo espesas
capas de nieve. Había sobrevivido al sol ecuatorial.
¿Tendría ahora que agudizar su ingenio para enfrentarse al invierno septentrional? Esperaba que su
campo de prisioneros estuviese bien servido por la
Cruz Roja, de forma que tuviese ropa caliente y la
comida que necesitase.

—Ahora va usted a encontrarse con una persona
importante —dijo el guarda—. Cuando la vea, haga
una reverencia y responda a sus preguntas.

—Sí —respondió él, pensando que iba a tratarse
de un interrogatorio.

Pero, ¿con qué propósito? Había estado a la deriva durante cuarenta y siete días, cautivo en Kwajalein durante cuarenta y tres días y pasado otros
veintiún días viajando hasta aquel campamento.
¿Qué podía decir a los japoneses que tuviese la más
mínima utilidad para ellos? A pesar de ello, fue conducido por un corredor débilmente iluminado hasta
una habitación. En ella, le esperaba dándole la espalda un hombre vestido de civil. De todas formas,
Louie hizo una reverencia y esperó.

Aquel tipo se volvió lentamente, con una sonrisa
en el rostro.

—Louie —dijo con un perfecto acento estadounidense—, ¿te acuerdas de mí?

A Louie se le heló la sangre. Tenía frente a él a
Jimmie Sasaki, su amigo de la USC.

—¿Qué haces aquí? —dijo abruptamente.

Jimmie sonrió de nuevo y se sentó en el borde
del escritorio.

—Siéntate —dijo—. No tienes buen aspecto, y
debo decir que afeitarte la cabeza tampoco ha contribuido a mejorar tu imagen.

Jimmie rió, pero Louie estaba desconcertado. Ese
era el tipo de comentario jocoso con el que habían
disfrutado cuando ambos eran amigos en la USC,
pero no tenía sentido allí, en Japón, donde Louie era
prisionero de los japoneses.

—Apuesto a qué ahora te encantaría disfrutar de
un desayuno como los de la unión estudiantil. Tocino,
salchichas, jamón, huevos, tortitas... ah, ¡cómo echo
de menos la comida estadounidense! —dijo Jimmie.

Su antiguo amigo llevó el peso del resto de la conversación. A Louie le parecía estrafalario que este
quisiera revivir los viejos tiempos y hablar acerca de
la USC y de sus amistades comunes. Le dijo a Louie
que era un civil contratado por la marina como in-
terrogador jefe. Para Louie aquello no tenía mucho
sentido, pero tampoco lo tenían muchas de las cosas
que ocurrían por entonces, así que esperó a que le
cayese el primer golpe, o a que le preguntase acerca del equipamiento de la aviación estadounidense,
pero no hubo preguntas de tipo militar.

—Ya nos veremos de nuevo —dijo Jimmie mientras hacía una seña para que Louie abandonase la
habitación. Un guarda esperaba fuera y le condujo
al patio de un complejo rodeado por edificios de una

planta; más allá vio una verja alta coronada por alambre de espinos. Por primera vez desde el accidente Louie vio a otras personas de raza caucásica, aparte de Mac y Phil. La visión fue perturbadora. Todo el mundo le pareció muy alto, pero las facciones delgadas y las miradas vacías le dijeron a las claras que aquel no era un campo de prisioneros normal. Louie sonrió a un aviador y lo saludó, pero este sólo le devolvió una mirada vacía.

—Siéntate aquí —ordenó el guarda señalando un banco.

Louie se sentó. Hacía frío, mucho frío, y su camisa hacía tiempo que había perdido las mangas. Iba vestido para el clima de Honolulu, no para el invierno japonés que se aproximaba rápidamente.

Todo el mundo permaneció con la vista fija en el suelo, hasta que un estadounidense que vestía un desgastado uniforme de la marina se acercó y se sentó junto a él. Louie pensó que tendría permiso para hacerlo, porque los guardas no se lo recriminaron.

—Estás en Ofuna, al sur de Yokohama —dijo aquel hombre—. Aunque probablemente te hayan dicho eso, este no es un campo de prisioneros.

A Louie le fastidió comprobar cómo sus peores temores se cumplían.

—Aquí estamos unos doscientos. Los aliados no saben que este lugar existe, tampoco la mayoría de los japoneses.

—¿Qué hacemos aquí? —preguntó Louie.

—Este es un campo secreto de interrogación y tortura. Haz todo lo que puedas por cumplir siempre las reglas, aunque... —su voz se desvaneció en un hilillo.

—¿Qué reglas? —preguntó Louie.

—Hay montones de ellas. Ya las aprenderás, pero empieza por no mirar a nadie a los ojos. De hecho, mantén la vista baja en todo momento. No hables con nadie —bajando el tono de voz, añadió—, utilizamos el código morse cuando los guardas no pueden vernos. La mano abierta para la raya, el puño para el punto.

Louie asintió.

—Formamos cada mañana —siguió diciendo el marino—. Los guardas nos hacen contar en japonés. Mejor que aprendas rápido a contar, o pueden ser brutales. Mantén la cabeza baja y no mires a nada ni a nadie. Si tienes sed, debes pedirle a un guarda que te deje usar la fuente. No hay vasos. El comandante no es un mal tipo, algo distante. Le llamamos «la momia». La mayoría del tiempo parece medio muerto. Hace la vista gorda cuando los guardas nos pegan.

—Vaya —dijo Louie, y en ese mismo momento vio como un guarda le pegaba a un hombre en la boca con la culata de su rifle. El prisionero se dobló y cayó al suelo.

—Es difícil acostumbrarse a lo mucho que los «japos» nos odian personalmente —continuó diciendo el marino—. Es su cultura; odian a cualquiera que se haya dejado atrapar vivo. Piensan que supone una humillación para toda la familia y que es obligación de los soldados matar o que los maten. Para ellos los campos de prisioneros no tienen sentido —dijo encogiéndose de hombros.

A Louie se le revolvió el estómago al ver al guarda japonés patear varias veces al hombre en el suelo y luego escupirlo.

—No intentes protegerte de los golpes o hacerte un ovillo —aconsejó el estadounidense—. También odian eso, y te pegarán más fuerte todavía —tras una pausa añadió—. Como he dicho, hazlo lo mejor que puedas, pero aquí las cosas son bastante imprevisibles.

A Louie le enseñaron una celda pequeña, cuyas paredes eran tablones con agujeros, el techo estaba hecho de papel alquitranado. Los únicos objetos de la celda eran tres trozos de papel doblado y una esterilla fina de paja. Louie no tardó en descubrir que las hojas de papel eran su manta y que la esterilla era su cama. Aquella noche se hizo difícil dormir. Echaba de menos un colchón que poner bajo su cadera, que se hundía en el suelo. Mientras intentaba quedarse dormido, Louie pensó en lo que había visto hasta ahora. A juzgar por los uniformes de los aproximadamente doscientos hombres que había en Ofuna, la mayoría eran aviadores y marinos estadounidenses, aunque también vio algunos uniformes australianos y hasta algunos italianos. Louie escudriñó los rostros cabizbajos de los hombres en busca de alguien conocido, pero no encontró a nadie. El único rostro familiar era el de Jimmie. Louie aún se sentía confuso respecto a eso.

A las seis de la mañana siguiente, Louie despertó con el repicar de una campana y los gritos de los guardas.

—Tenko, tenko.

Sabía que esto quería decir «a formar», y se levantó poniéndose firme junto a la pared. No tuvo necesidad de vestirse. Ya llevaba puesto encima todo lo que tenía. Minutos más tarde Louie se encontraba en pie en el patio de la prisión junto a los demás hombres. Todos hicieron una reverencia en dirección a Tokio, lugar de residencia del emperador

Hirohito, y después se les dejó romper filas y correr desesperadamente a las letrinas, a las que los japoneses llamaban benjo.

—¿Qué sucede ahora? —susurró Louie al hombre con uniforme de las fuerzas aéreas que estaba delante de él. La mayoría de los guardas habían desaparecido.

—Están en nuestras celdas —respondió el aviador—. Que Dios te ayude si encuentran algo. Doblar tu manta de la forma equivocada puede sacarles de quicio.

Cuando volvieron los guardas los hombres formaron de nuevo y regresaron a sus celdas. Poco después, dos estadounidenses aparecieron llevando un gran caldero y se pusieron a servir con un cucharón sopa de arroz aguada en tazones. La sopa contenía lo que parecían granos gordos de arroz negro. Louie estaba seguro de que eran excrementos de rata y al llevarse la taza a los labios se preguntó qué enfermedades transmitirían.

Tras el desayuno, les obligaron a realizar tareas como fregar las pasarelas de madera y barrer el complejo. A las tareas les siguieron ejercicios, que muchos hombres parecían demasiado débiles para realizar, pero que hicieron de todas formas. Cualquiera que se paraba recibía un golpe de un gran cinturón con una hebilla metálica.

De repente, no hubo nada más que hacer. Como los hombres tenían prohibido volver a sus celdas hasta la noche, se quedaron de pie deambulando en silencio. O al menos parecía que estaban silenciosos ya que nadie movía la boca. Pero cuando los guardias estaban en el otro extremo del patio, Louie escuchó a los demás prisioneros decir «dit dit dit» y «da da da». Miró a su alrededor y las bocas seguían sin moverse. Sonrío para sus adentros; estaban usando sonidos cortos y largos hechos con los dientes cerrados, para pasarse mensajes en código Morse, todo ello sin mover los labios.

Al caer la noche, los dos estadounidenses encargados de la cocina repartieron más aguachirle, y Louie pasó otra fría noche en su endeble celda. A la mañana siguiente, tras el recuento, repitieron las actividades del día anterior. Así pasaron muchos días, en los que Louie intentó no atraer la atención sobre sí mismo. La monotonía se rompía ocasionalmente cuando Jimmie llamaba a Louie para otro «interrogatorio». Pero todo lo que Jimmie parecía querer hacer era compartir recuerdos y, de alguna forma, recuperar su amistad con Louie, aunque éste no estaba dispuesto en absoluto.

La primera nevada cayó en octubre, y el pilón donde se lavaban los hombres se congeló. Louie sufría terriblemente con el frío, todavía estaba demasiado flaco y vestía los restos andrajosos de un uniforme tropical. Se quedó muy agradecido cuando un marino mercante noruego le ofreció un abrigo de lana que le sobraba. Louie no sabía de dónde había sacado aquel hombre el abrigo, pero le venía tan bien que lo vestía las veinticuatro horas del día.

En noviembre, la situación se alivió otro poco. Nadie supo porqué, pero la momia ordenó que los prisioneros pudieran hablar bajito entre ellos mientras estaban en el exterior. Aquello fue asombroso. Por primera vez, pudo empezar a conocer los relatos detallados de cómo habían llegado los demás a Ofuna, y pudo también compartir con sus compañeros su propia historia.

El día de Nochebuena, no podía dejar de pensar en su familia. Se preguntaba si estarían celebrando la tradicional fiesta italiana de los siete peces. Recordaba con cuanto orgullo su madre hacía capellanes fritos, pasta de anchoas y ensalada de pulpo. Pensar en aquellos manjares conseguía que se le hiciera agua la boca. También pensó en su hermano y sus hermanas. ¿Seguiría Pete vivo? ¿Habrían llamado a filas a Harvey, el marido de Sylvia, a pesar de ser bombero? Y la pequeña Virginia, resultaba chocante pensar que ahora tendría veinte años. ¿Seguiría viviendo en casa?

El día de Navidad llegó, y a los prisioneros de Ofuna se les permitió recibir a cada uno medio paquete de la Cruz Roja canadiense. Algunos paquetes contenían queso fundido estadounidense, carne y pescado en lata, azúcar, café, leche en polvo, margarina en lata, jabón y cigarrillos. Louie sabía que cada prisionero tenía derecho a recibir un paquete entero al mes, pero los guardas y los cocineros robaban la mayoría de ellos. Cada pocos días moría alguien en el campamento de alguna enfermedad relacionada con la malnutrición, y a Louie le hervía la sangre al pensar en la forma en que los oficiales del campamento robaban a los prisioneros la comida que podía salvarles la vida, así como otras cosas.

El 26 de enero de 1944 Louie cumplió veintisiete años. Un mes después llegó a Ofuna un nuevo prisionero de guerra que les dijo que Kwajalein había sido bombardeado hasta ser dejado irreconocible, y luego capturado por las tropas estadounidenses. Aquellas noticias renovaron la confianza de los prisioneros en que Estados Unidos y sus aliados vencerían la guerra. Louie, al igual que los demás, esperaba estar vivo para ver ese día.

En Ofuna, Louie prácticamente no pudo ver a Phil, que era custodiado en otro bloque de celdas. En marzo, ambos pudieron verse durante unos breves momentos. Phil le contó que los japoneses le iban a transferir a un campo de prisioneros llamado Zentsuji, al que la Cruz Roja tenía acceso. Louie esperaba que fuese verdad. Phil estaba peligrosamente delgado y necesitaba alimentarse mejor.

La primavera de 1944 llegó, y con ella un nuevo desafío. Hacía ya cerca de ocho años que se habían celebrado los Juegos olímpicos de verano de Berlín, y Louie estaba lejos de ser el joven que había competido en ellos. Sin embargo, los oficiales de Ofuna decidieron que debía correr de nuevo, esta vez contra un corredor japonés. Louie quedó horrorizado al pensarlo; sus piernas apenas podían soportar el peso de su desnutrido cuerpo, y solo caminar hasta el benjo ya era una tarea que requería de él toda su concentración e interés. Al principio rechazó hacerlo, pero los oficiales de la prisión le dijeron que, si se negaba, todos los prisioneros del campamento serían castigados. Finalmente, Louie accedió.

Los japoneses encontraron divertido ver a un atleta olímpico estadounidense competir contra uno de sus propios corredores, y casi todos los guardas, junto con los prisioneros de Ofuna, vieron a Louie y su adversario correr vuelta tras vuelta alrededor del complejo. Nada más comenzar la carrera, Louie se sorprendió al comprobar que su cuerpo todavía sabía cómo correr, y empezó a hacerlo cada vez más rápido hasta darse cuenta de que podía vencer al corredor japonés. Aceleró el ritmo de sus zancadas, se impulsó con los brazos y esprintó en la última vuelta. Los prisioneros vitorearon al ver a Louie cruzar la meta en primer lugar.

Louie se detuvo con las manos en las rodillas, intentando recuperar el aliento, cuando de repente sintió un golpe en la nuca y cayó al suelo inconsciente. Al volver en sí vio que varios prisioneros de guerra lo transportaban en volandas hasta su celda.

—¡Sin duda los japos son malos perdedores! —dijo uno de ellos sarcásticamente.

Todos rieron, pero por dentro sabían que aquel asunto era serio. Casi había pagado con su vida el haber ganado una carrera, y en el horizonte se presentaban desafíos aún mayores. Los guardas solían alardear acerca de que la política del campo era «matarlos a todos». Las autoridades de Tokio habían ordenado que ningún prisionero de guerra fuera entregado vivo. Si la guerra iba mal para los japoneses y sospechaban que un campo de prisioneros corría riesgo de ser liberado, los guardas debían ejecutarlos a todos.

Con la llegada de cada nuevo prisionero, más noticias de la guerra se filtraban en la prisión, y los hombres analizaban cada retazo de información que llegaba. Los periódicos eran también una buena fuente de datos. A veces alguien era capaz de robar una página del periódico de uno de los guardas, y en otras ocasiones ciertos productos llegaban a la cocina envueltos en papel de periódico. Estaban en japonés, pero en el campo había tres prisioneros capaces de leerlo, así que siempre les llevaban todas las páginas o trozos de periódico para que los tradujesen.

Poco después de la carrera, mientras barría el patio, Louie notó que la momia tomaba su té de la mañana bajo un cerezo y leía el periódico, frunciendo el ceño y balanceando la cabeza. Esto le hizo sospechar que algo debía ir mal para los japoneses. Siguió barriendo y con cada pasada de la escoba se fue acercando un poco más a la momia. Al estirar la mano para asir su taza de té una parte del periódico se le había deslizado del regazo hasta el suelo, sin que pareciese advertirlo. De forma lenta y silenciosa, como cuando atrapara el albatros en la balsa, Louie llegó hasta allí con su escoba y barrió la hoja suelta. La momia no reaccionó. Louie siguió barriendo el trozo de papel hasta una esquina, lo recogió y lo escondió bajo su camisa. Después se lo hizo llegar a su amigo Bill Harris, un joven oficial de la marina que no solo sabía leer en japonés sino que tenía un conocimiento impresionante de estrategia, así como una memoria fotográfica.

Bill leyó y memorizó rápidamente la página que le mostró Louie, y este corrió a devolver la página exactamente al lugar donde la momia la había dejado caer. Aquella tarde Bill pudo compartir con los demás lo que había leído. Tras haber recuperado la isla de Guam, Estados Unidos construía allí cinco bases aéreas desde las que, al parecer, pretendía lanzar sus bombarderos contra los territorios del Pacífico occidental controlados por los nipones y contra el propio Japón.

Desafortunadamente, Bill había dibujado en un trozo de papel higiénico el mapa que había visto en el periódico, y cuando el médico del campo pasó por allí vio que Bill tenía algo en la mano.

Se inició una investigación y todos los prisioneros del campo fueron obligados a formar y realizar flexiones durante veinte minutos. A los que flaqueaban los guardas les pegaban en la espalda o los pisoteaban. Mientras se esforzaba en hacer flexiones, Louie se preguntaba qué le sucedería a Bill.

De repente, ordenaron a los hombres que se levantaran y se pusieran firmes. El médico, al que llamaban el curandero, agarró una muleta de madera de un prisionero y con un grito escalofriante golpeó con él la cara de Bill, quien permaneció quieto mientras el curandero volcaba sobre él toda su rabia, pateándolo y gritando como un loco. Finalmente, Bill se derrumbó en el suelo, pero la paliza continuó. Louie no creía que nadie pudiese sobrevivir a un castigo tan cruel. Bill quedó inconsciente, pero eso no hizo que el médico se detuviese. La paliza continuó durante una hora hasta que el curandero se retiró jadeando de cansancio.

Dos guardas se llevaron a Bill a rastras, dejando un gran charco de sangre en el polvo, y él los siguió a una distancia prudencial. Pasaron varios días hasta que Bill pudo caminar de nuevo, y cuando lo hizo parecía aturdido, era incapaz de recordar quién era o de reconocer a nadie. Louie quedó desolado al ver lo ocurrido con su brillante y querido amigo. La paliza que dieron a Bill no hizo sino poner de relieve lo brutales que podían ser los japoneses, especialmente a medida que los aliados avanzaban y conquistaban su territorio.

Pasaron varias semanas, y la mañana de sábado del 30 de septiembre de 1944 anunciaron a Louie su traslado; iban a llevarlo a un campo de prisioneros llamado Omori, situado a las afueras de Tokio. Había sobrevivido a un año y dos semanas de miseria en Ofuna. Louie se alegraba de dejar aquel lugar, pero se preguntaban qué nuevos desafíos le esperarían.

Capítulo 15

El pájaro

Louie se detuvo a las puertas del campo de prisioneros de Omori junto con otros prisioneros. Al examinar aquel paisaje gris se sintió sumamente desanimado. Nunca había visto un lugar más lúgubre. Omori apenas era un banco de arena en medio de la bahía de Tokio. Aparte del agua oleosa que rodeaba todo el lugar, no pudo ver ni un mínimo de naturaleza en ningún lugar, ni una brizna de hierba, ni un árbol, ni un pájaro, sólo arena gris y aproximadamente una docena de largos barracones de madera situados tras una empalizada. Un estrecho puente de madera, de unos doscientos metros de longitud, conectaba Omori con tierra firme.

—Esperen aquí —les ordenó un guarda.

Un par de minutos después vio salir a un cabo de un edificio cercano. Louie se puso firme. El cabo permaneció mirando fijamente a los prisioneros.

Pasaron un minuto, dos, cinco, diez, hasta que el cabo se acercó a ellos y empezó a preguntarles sus nombres.

—Zamperini —dijo Louie cuando le llegó su turno, con la vista fija sobre el hombro del guarda. Entonces vio como un puño volaba hacia él. ¡Bam! La cabeza se le fue hacia atrás con el puñetazo.

—¿Por qué no me miras a los ojos? —rugió el cabo.

Louie miró fijamente a aquel hombre a los ojos. Eran salvajes y crueles.

¡Bam! Un segundo golpe dio de lleno a Louie en la cabeza.

—¡No se te ocurra mirarme! —bramó el cabo.

Louie se tambaleó, pero permaneció en pie. En su mente empezaron a sonar las alarmas. ¿A qué sitio habría llegado y quién sería este cabo loco?

A lo largo de la semana siguiente Louie descubriría la respuesta a ambas preguntas. Omori se alzaba sobre la arena extraída del fondo de la bahía. En ella se alojaban novecientos prisioneros utilizados como mano de obra esclava en los muelles, para cargar y descargar barcos que llevaban carbón y otros suministros industriales. Como oficial, Louie no tenía que trabajar en los muelles, en lugar de ello él y otros oficiales trabajaban en el mismo campo de prisioneros. El cabo brutal era Mutsuhiro Watanabe, pero los prisioneros de guerra lo llamaban simplemente «el pájaro».

Algunos de los hombres que estaban prisioneros en aquel campo ya más de un año contaron a Louie historias acerca de la increíble crueldad de aquel tipo. Entre otras cosas, solía llamar a los prisioneros a su despacho y les mostraba cartas de casa, quemándolas ante sus ojos sin ni siquiera abrirlas. También les hacía caminar alrededor de las rebosantes letrinas, y luego les hacía limpiarse las suelas de sus zapatos con la lengua. Les ofrecía dulces, y luego les pegaba por haberlos aceptado. En cierta ocasión encontró un libro sobre boxeo e hizo formar a los prisioneros para practicar con ellos los diversos golpes, mientras todos permanecían firmes.

—Le encanta vernos sufrir —le dijo a Louie un marinero de una litera contigua—, que Dios te ayude si te toma manía.

Por alguna razón que Louie jamás llegó a comprender, eso fue exactamente lo que ocurrió: Louie se transformó en lo que el pájaro dio en llamar «su prisionero número uno». Los guardas observaban continuamente todo lo que hacía e informaban de ello al pájaro. Este iba a visitarlo a diario, y siempre le daba una paliza.

Un guarda, Yukichi Kano, hacía la función de intérprete. Le dijo a Louie que era cristiano y que haría lo que pudiese para ayudarlo. Louie se sintió agradecido, se dio cuenta de que Kano era diferente de los demás guardas. Por ejemplo, miraba hacia otro lado cuando los hombres volvían de trabajar en los muelles y supuestamente había que registrarlos. Además, todo el mundo sabía que solía colarse en la cabaña de reclusión solitaria por las noches para cubrir con su propia manta al desafortunado soldado que allí estuviese, y volver por la mañana a recogerla antes de que los demás guardas se enterasen.

De vez en cuando pasaban por allí miembros de la Cruz Roja para realizar inspecciones, pero aquellas visitas eran puro teatro. Ante ellos se presentaban los prisioneros que se encontraban en mejor condición física, y todo el mundo conocía la «forma correcta» de responder a los oficiales de la Cruz Roja. Si un prisionero declaraba la verdad acerca de la brutalidad del pájaro y las condiciones del campo, sabía que recibiría una paliza, probablemente hasta la muerte.

Lo que más deseaba Louie era poder comunicarse con su familia, pero se le impedía hacerlo. No estaba registrado ante la Cruz Roja como prisionero de guerra, y durante las infrecuentes visitas de los inspectores al campo de Omori le mantenían escondido.

Louie fue sometido a tanta presión que estuvo a punto de derrumbarse sicológicamente. Se sentía jugando constantemente al ratón y al gato con el pájaro. Intentaba no llamar su atención en absoluto, pero resultaba difícil cuando los hombres salían del campo a trabajar en los muelles y él se quedaba allí con los demás oficiales. La mayoría de los días ganaba el pájaro, que lo encontraba y lo atormentaba.

El 1 de noviembre de 1944, al mes de llegar a Omori, Louie estaba haciendo gimnasia con un grupo de prisioneros bajo la vigilancia de un guarda. Éste usaba su espada para aguijonear a los prisioneros que no levantasen sus brazos o piernas suficientemente alto. De repente, la sirena del campo empezó a sonar.

—¡A los barracones! —gritó con furia el guarda.

Aquello era algo normal, ya que en Omori había muchas falsas alarmas. Los hombres se precipitaron hacia los barracones, intentando no ser los últimos en llegar para que no les dieran una paliza. Louie se quedó mirando y escuchando por la ventana del barracón. Ahí estaban, era el rugido de los grandes motores de los aviones.

—Son de los nuestros —gritó alguien con júbilo.

Louie y los demás hombres se abalanzaron en estampida hacia la puerta, y en el patio vio pasar sobre él el vientre del mayor bombardero que había visto jamás. En uno de los laterales llevaba pintado el familiar círculo azul con una estrella blanca en su interior.

—¿Qué avión es ese? —gritó alguien.

—Tiene que ser la súper fortaleza B-29 —dijo un prisionero de guerra que acababa de llegar.

Los hombres empezaron a vitorear:

—¡B-29! ¡B-29!

—¡Vuelvan dentro! —gritó un guarda.

Nadie se movió. Ver a un bombardero estadounidense sobrevolar Japón bien valía el riesgo de recibir una paliza.

El B-29 dio una última vuelta sobre ellos y se dirigió al sur, mientras los prisioneros volvían a sus barracones comentando lo que habían visto. El prisionero nuevo les contó todo lo que recordaba. El B-29 era un bombardero muy avanzado. Tenía una cabina presurizada, lo que le permitía volar muy alto, y torretas ametralladoras manejadas por control remoto. Louie estaba particularmente interesado en su tamaño: tenía una envergadura de alas de 43 metros y un fuselaje de 30 metros de largo. El B-24 tenía 10 metros menos de envergadura y el fuselaje era también 10 metros más corto.

—No me extraña que lo llamen «súper fortaleza» —comentó Louie.

La aparición del bombardero estadounidense le hizo recuperar la esperanza de ser rescatado, siempre que consiguiese sobrevivir a la brutalidad del pájaro. Su última táctica consistía en golpearle la cabeza con la hebilla de su gran cinturón, curar con cuidado sus heridas, y después volver a pegarle con el cinturón en el mismo sitio. Uno de estos ataques dejó a Louie temporalmente sordo de su oído izquierdo.

A mediados de noviembre, el pájaro llevó a los barracones donde vivía Louie a dos civiles japoneses.

—Tenemos algo que mostrarte —dijo uno de ellos entregándole una hoja de papel.

Louie empezó a leer: «Transcripción del programa de radio de la NBC transmitido el 12 de noviembre en Estados Unidos».

El texto decía que Louis Silvie Zamperini, desaparecido en el mar desde el 27 de mayo de 1943, había sido declarado muerto por el Departamento de guerra de Estados Unidos. Louie frunció el ceño mientras leía aquello. ¿Por qué querrían aquellos dos hombres darle a conocer esto?

—¿No te gustaría que tú familia supiese la verdad? —preguntó el segundo de ellos.

—Por supuesto —respondió Louie preguntándose dónde estaría la trampa.

—Ven con nosotros. Somos los productores de Visitas del cartero, un programa en inglés producido por Radio Tokio que corrige errores de este tipo.

Louie había oído hablar de la estación de radio que emitía propaganda de los japoneses, e intentaba desmoralizar a las tropas estadounidenses extendiendo rumores y medias verdades sobre lo que estaba sucediendo en el frente de batalla.

—Tendré que preguntarle a mi oficial superior si puedo hacerlo —dijo Louie.

—Muy bien. Avise al cabo cuando esté preparado y vendremos a recogerlo.

Louie lo consultó con el líder aliado de mayor rango en el campo de Omori, el general Maher, y se enteró de que también se había dado a otros prisioneros de guerra la oportunidad de participar en el programa Visitas del cartero, así que decidió aceptar la oferta.

Dos días después, le condujeron hasta el estudio radiofónico en Tokio, donde se le permitió leer una breve nota que él mismo había escrito. Empezaba así: «Queridos madre, padre, familiares y amigos. Les habla Louie...», después confirmó que todavía seguía vivo y procuró mencionar todos los nombres que pudo de otros prisioneros de guerra.

Al terminar, ambos hombres le felicitaron.

—¡Tienes una voz muy radiofónica! —exclamó uno de ellos.

—¿No te gustaría enviar mensajes a casa siempre que quisieras? —preguntó el otro—. ¿No sería estupendo que tus padres pudieran escuchar tu voz en la radio todas las semanas?

Louie empezó a sentirse incómodo.

—¿Escribiría mis propios guiones? —preguntó.

Ambos hombres negaron con la cabeza.

—No, ya te hemos escrito lo que vas a leer —le dijeron, entregándole a Louie una hoja que este leyó rápidamente. Aquel guión no sonaba a nada que él hubiera podido escribir, criticaba a Estados Unidos y transmitía la impresión de que los japoneses le estaban tratando bien.

—No puedo leer esto —dijo Louie devolviéndoles el papel.

—Piénsatelo cuidadosamente —dijo el más alto de los dos hombres—. Podrías quedarte aquí en la estación, comerías en la cafetería todos los días, dormirías en un cuarto de invitados con sábanas de algodón limpias y hablarías a tu familia y tus amigos.

—No así —respondió Louie mostrándose inflexible. No estaba dispuesto a transformarse en un arma de propaganda en manos de los japoneses.

—Piensa en ello —dijo el otro hombre—. Si no lo haces, irás a un campo de castigo.

A Louie se le detuvo el corazón, él ya creía estar en un campo de castigo.

Al regresar a Omori esperó a recibir las noticias de su traslado a un campo de castigo. En lugar de ello sucedió algo sorprendente. ¡El pájaro ya no estaba allí! Fue uno de los días más felices de su vida. Se había librado del loco que había tratado de destruirlo. Omori se transformó en un lugar mucho más agradable. Que nadie te pegara todos los días era una maravilla.

Por entonces, los bombarderos B-29 sobrevolaban Omori a diario. A veces los hombres observaban los combates que se desarrollaban alrededor de los bombarderos, cuando los cazas Zero intentaban detenerlos para que no llegasen a sus objetivos. Louie se sentía frustrado al observar los combates aéreos. Le habían entrenado muy duro para estar allí arriba, y en aquel momento hubiera dado cualquier cosa por poder bombardear a los japoneses.

A medida que pasaban las semanas fueron aumentando los bombardeos sobre Japón. A mediados de febrero de 1945 las bombas empezaron a caer temprano por las mañanas. Era una señal maravillosa, dado que los bombarderos no solían volar durante la noche, lo que hizo pensar a los prisioneros que debían de estar despegando desde un enorme portaviones situado cerca. La victoria de los aliados se aproximaba.

Tan emocionado estaba que casi había olvidado la amenaza de ser trasladado a un campo de castigo, pero el 1 de marzo él y otros oficiales cruzaron por última vez las puertas del campo de Omori. Su destino era Naoetsu, en la costa occidental de la isla de Honshu, a unos ciento sesenta kilómetros al noroeste de Tokio.

Mientras avanzaban en camión y en tren durante dos días a través de Honshu, una tormenta de nieve barrió Japón. Sobre los campos se extendió un manto blanco, y cuando los hombres llegaron a su destino la capa de nieve tenía una profundidad de más de cuatro metros. A los prisioneros se les ordenó descender del tren y fueron conducidos a golpes de espada, a través de la nieve, los dos kilómetros que faltaban hasta el campo, localizado en la confluencia de dos ríos, casi al borde del mar. El campo consistía en dos grandes edificios de madera de dos plantas, que parecían graneros, con las ventanas cubiertas por grandes barrotes. Al cruzar las puertas del campo de prisioneros Louie estaba entumecido de frío.

—Quédense aquí y esperen —dijo el guarda dejándolos frente a una cabaña baja y destartalada que había junto a los barracones.

Los hombres esperaron y esperaron. El frío se introducía bajo el abrigo de Louie extrayéndole el aire de los pulmones. De repente se abrió la puerta de la cabaña y de ella salió un hombre, Louie lo reconoció al instante, era el pájaro.

—Oh, Dios mío —oró mientras intentaba recuperarse de la conmoción. Sabía que podía soportar muchas cosas. ¿Pero otra estancia junto al pájaro? No estaba seguro de poder sobrevivir a aquello.

Louie no tardó en comprobar lo malo que era un campo de castigo. La primera noche la temperatura descendió a más de diecisiete grados bajo cero. Un grupo de demacrados soldados australianos que eran los que más tiempo llevaban allí, les explicaron que habían arrancado muchos de los tablones del suelo para quemarlos, pero ahora la nieve se colaba bajo los barracones de dos plantas y aquello parecía un frigorífico.

Poco a poco fueron contándole a Louie y los recién llegados historias terribles sobre el campo. Contra una pared se apilaban sesenta cajas del tamaño de una caja de zapatos. Louie se enteró de que cada una de ellas contenía las cenizas de un prisionero de guerra que había muerto. Las ratas caminaban entre las cajas por la noche, royéndolas y esparciendo las cenizas por todas partes.

Tal y como había sucedido anteriormente, el pájaro le persiguió sin misericordia. Louie se preguntaba si habría solicitado específicamente ser transferido al campo de prisioneros de Naoetsu con el fin de poder continuar atormentándolo.

El procedimiento estándar del campo de Naoetsu establecía que los oficiales no tenían que trabajar. Pero a medida que el invierno fue retrocediendo y se fue fundiendo el hielo del río Ara, que corría junto al campamento, Louie y los demás oficiales fueron uncidos a unas carretas para transportar desperdicios humanos y llevarlos a una distancia de diez kilómetros hasta una granja. Aquella tarea resultaba extenuante, pero no tanto como lo que vino a continuación.

En abril de 1945, el pájaro decidió que los oficiales debían descargar carbón de unas barcazas y llevarlo hasta los vagones de tren, con destino a una acería cercana. Las cestas de carbón que cargaba cada hombre desde las barcazas, subiendo desde la ribera del río hasta los vagones, pesaban unos treinta kilos y a los prisioneros se les exigía que trabajasen a un ritmo de locura. Cada vez que se vaciaba una barcaza, se remolcaba con los hombres a bordo hasta un barco con carbón anclado en alta mar. En medio de un fuerte oleaje, los prisioneros tenían que saltar al otro barco agarrándose a una red de cuerda extendida sobre uno de los costados de la nave, y escalar hasta superar la borda.

Louie, como muchos de los prisioneros, había contraído beriberi y no tenía muy buen equilibrio. No importaba, todo el mundo tenía que saltar desde la oscilante barcaza hasta el costado de la nave. Finalmente consiguió hacerlo y, al llegar a la cubierta del barco, empezó a palear carbón a una red extendida que luego se izaba y se depositaba en la barcaza. Si alguno de los prisioneros dejaba de trabajar, aunque fuese por un momento, recibía un golpe en la espalda o en la cabeza con un palo de kendo. Aquel trabajo extenuante dejaba a los hombres cubiertos de tizne de la cabeza a los pies. Una vez cada diez días Louie se daba un baño, pero entre baño y baño permanecía tan negro como el carbón que paleaba catorce horas diarias.

Día tras día, semana tras semana, trabajaron sobre enormes montañas de carbón, sabiendo que cuando hubiesen terminado con ellas, otro barco entraría en la bahía y su trabajo empezaría de nuevo.

Al llegar la primavera, Louie se cayó de una rampa estrecha mientras cargaba una pesada cesta de carbón sobre la espalda. Al impactar contra el suelo notó que algo no iba bien. Incapaz de caminar sin ayuda, fue llevado de vuelta al campo, donde permaneció tendido sobre un paño negro de hollín. El tobillo y la rodilla le palpitaban de dolor, y sabía que se había desgarrado algunos músculos. Como le resultaba imposible volver al trabajo en el muelle, el pájaro encontró una tarea especial, solo para él: se le encargó el cuidado de un cerdo que había en el campamento.

Cada día tenía que alimentarlo y limpiar su pocilga con las manos desnudas, para lo que tenía que gatear por la pocilga e ir recogiendo a manos llenas los excrementos de cerdo y el barro, lo que le producía oleadas de nauseas. Se mareaba simplemente de pensar en la cantidad de enfermedades a las que se estaba exponiendo, pero no tenía alternativa. Todos los días oraba para que la guerra acabase.

En mayo de 1945, los hombres de Naoetsu recibieron buenas noticias, pero también malas. Las malas eran que cien hombres más se dirigían hacia el campamento, por lo que tendrían que compartir sus ya magros suministros de comida. Las buenas consistían en que esos hombres traerían informaciones frescas, y las novedades eran de gran importancia para ellos. Aquellos hombres venían de Kobe y Osaka, ciudades japonesas de importancia estratégica, y ambas habían sido bombardeadas y completamente arrasadas. Los aliados estaban destruyendo sistemáticamente las mayores ciudades de Japón. También les trajeron otra noticia estupenda: a principios de mayo Alemania se había rendido. ¡La guerra en Europa había acabado! Solo era cuestión de tiempo que los aliados derrotasen a los japoneses. Los prisioneros de guerra de Naoetsu tenían que continuar resistiendo y esperar.

Al igual que en Tokio, los prisioneros empezaron a ver bombarderos B-29 sobrevolando la ciudad. Y cuantos más aviones pasaban, el trato que se daba a los prisioneros fue haciéndose peor. Un día el pájaro hizo formar a todos los prisioneros, por un lado a los oficiales y por otro a los soldados, a los que ordenó que fueran golpeando fuertemente a los oficiales en la cara. Doscientos veinte puñetazos después, Louie y los demás oficiales estaban ensangrentados, y sus caras en carne viva. Pasaron días hasta que Louie pudo abrir su boca lo suficiente como para murmurar unas pocas palabras.

El pájaro y sus compañeros hacían todo lo que podían para quebrantar la voluntad de los prisioneros de guerra, recordándoles que nunca abandonarían Naoetsu vivos, sin importar cómo acabase la guerra. Hasta ellos habían llegado las noticias traídas por prisioneros venidos de otros lugares, respecto a las matanzas que se habían producido en otros campos de concentración por todo el Pacífico y el sudeste asiático, así que los hombres de Naoetsu vivían atemorizados.

El 6 de agosto de 1945, Louie notó que los guardas estaban particularmente disgustados y violentos, y se preguntó qué estaría ocurriendo. Entonces, otro prisionero de guerra le informó de que en el muelle, un civil japonés le había dicho que la ciudad de Hiroshima había sido destruida, no por muchas bombas arrojadas desde los B-29, sino mediante una única bomba.

¿Una sola bomba había destruido la segunda ciudad más importante de Japón? No parecía posible. Ninguno de los prisioneros de guerra tenía ni idea de que Estados Unidos tuviese una bomba tan poderosa. Tres días más tarde llegó al campo la noticia de que una segunda bomba había destruido la ciudad de Nagasaki. Una vez más, los prisioneros de guerra formaron corrillos intentando averiguar qué habría ocurrido.

Louie no estaba entre ellos. Yacía en su cama enfermo de beriberi. La enfermedad estaba causada por la falta de vitamina B1, y sin medicinas sabía que estaría muerto a finales de mes. Era levemente consciente de que los B-29 sobrevolaban el campo. El final de la guerra parecía tan cerca que Louie se animaba a sí mismo a resistir.

El 20 de agosto de 1945 fue un día que Louie no olvidaría jamás. El comandante ordenó a todos los prisioneros que se reunieran en el patio. Alguien le ayudó a levantarse, y Louie salió por la puerta arrastrando los pies para formar con los demás. El pájaro, que todo aquel tiempo había abusado de Louie mientras estaba despierto durante el día y de noche en sus pesadillas, no estaba por ninguna parte.

El comandante del campo salió de su cabaña y habló en japonés. Un intérprete tradujo sus palabras: «La guerra ha terminado».

Los hombres tardaron unos segundos en interiorizar esas palabras. ¡La guerra había terminado! ¿O quizá no? Louie, como todos los demás, permaneció en silencio. ¿Sería un truco, la última y cruel broma final antes de ejecutarlos a todos? Louie esperó tenso.

—Pueden bañarse en el río —dijo el intérprete a los hombres.

Los hombres salieron nerviosos por la puerta. Dos de sus amigos lo tomaron por los hombros y lo ayudaron a caminar. Louie estaba desnudo en el agua cuando el primer B-29 pasó sobre ellos con sus luces parpadeando.

—¡Es código morse! —gritó alguien—. Dice F-I-N-G-U-E-R-R-A.

Todos se volvieron locos de alegría. Habían recibido la noticia de los aliados. ¡La guerra había terminado realmente, y pronto volverían a casa!

Capítulo 16

Sueños y pesadillas

—¿Alguien tiene una gran historia? ¿Alguien tiene una gran historia?

Louie ignoró al hombre de la estación de Yokohama que preguntaba sin parar. Todavía débil y demacrado a causa de la prueba soportada, le habían dicho que en el edificio de la Cruz Roja, a solo unos pocos metros, había suficiente café, Coca-Cola y donuts para todos los prisioneros de guerra que acababan de llegar en el tren. De camino allí, sintió como una mano amiga le agarraba de la camisa.

—¡Este tipo tiene una historia increíble! —gritó su amigo al periodista.

El periodista le salió al paso.

—¿Cómo te llamas? —le preguntó.

—Lo siento, tengo que conseguir unos donuts —respondió Louie intentando librarse de él.

—Un momento, dime tu nombre.

—Louie Zamperini, y tengo que llegar al edificio de la Cruz Roja —dijo él.

El rostro del reportero empalideció.

—¿Louie Zamperini? Eso es imposible, está muerto.

—¡No, no lo estoy! Y sé quién soy, soy Louie Zamperini —replicó bruscamente.

—¿Puedes probarlo? ¿Tienes una tarjeta de identificación? —preguntó el periodista.

Louie suspiró.

—Mira, lo único que quiero es una Coca-Cola y un donut, ¿vale? Nada personal. Quizá podamos hablar después de que haya comido algo.

—Jamás me aceptarían sin pruebas una historia como esta —insistió el reportero.

Louie se metió la mano en el bolsillo y sacó su cartera. Los japoneses le habían quitado todo excepto un carnet de estudiante de la USC con su nombre.

El periodista examinó fijamente el pase y después a Louie.

—¡Eh! —le gritó a otro periodista que tenía a su izquierda—. Consíguele a este tipo algo de comida, ¿quieres? —y volviéndose otra vez hacia Louie se presentó—: Me llamo Robert Trumbull y escribo para el New York Times. Ven conmigo y cuéntame cómo ocurrió el accidente.

Louie pasó la siguiente hora contándole a aquel periodista toda su historia. A Trumbull se le salían los ojos de las órbitas con cada nuevo detalle. Cuando terminaron de hablar, nadie le había traído comida a Louie y los prisioneros de guerra de otros trenes se había comido todo lo que ofrecía la Cruz Roja. Louie tuvo que esperar hasta el siguiente servicio de comidas.

Su viaje a casa fue largo. Le transportaron en avión hasta Okinawa, y de allí hasta Guam, Filipinas y, finalmente, Hawái, donde estuvo hospitalizado para volver a ganar peso. Allí se enteró de que Allen Phillips (Phil) también había sobrevivido. Llevaba sin saber nada de él desde que lo habían transferido de Ofuna hasta otro campo de prisioneros, un año y medio antes.

Durante el trayecto hasta Hawái le entregaron un panfleto de color rojo escrito expresamente para los miembros de las fuerzas aéreas que regresaban a casa. Empezaba así: «¿Te sientes bien?, ¿mal?, ¿tienes sentimientos mezclados?, ¿o quizá no sabes? No pasa nada. Es exactamente así como se sienten miles de hombres que han regresado antes que tú. Algunos de ellos desean contarlo todo. Sin embargo, otros no quieren ni siquiera pensar en cómo se sienten...».

A partir de ahí el panfleto se centraba en un aviador que había regresado llamado «John Brown». Louie leyó acerca de los momentos de ánimo y de desánimo de John, sus intentos por encajar, a pesar de sentirse extrañamente aislado de la gente a su alrededor, y de las formas mediante las que intentó encontrar ayuda. La historia terminaba diciendo: «Al final, la ayuda que consiguió encontrar fue lo de menos, porque en última instancia todo dependía de él. La única solución real, permanente, se encuentra dentro de cada uno de nosotros».

Louie sonrió y asintió. El mensaje del panfleto era verdad. Durante los dos años y medio pasados desde el accidente del Avispa verde había soportado muchas cosas, y había sobrevivido gracias a su solidez mental y a su determinación de hierro. Sintió lástima por los John Brown de la guerra, hombres que sufrirían para volver a integrarse en la vida civil.

Louie no sería uno de ellos. Tenía planes para correr en los siguientes Juegos olímpicos, y sueños de éxito, quería conseguir un automóvil veloz, ir de fiesta y recuperar el tiempo perdido.

El 2 de octubre de 1945, Louie llegó a San Francisco para recibir más tratamiento para combatir las enfermedades tropicales que había contraído como prisionero de guerra. Después, a mediados de octubre, el general Hap Arnold envió un B-25 especialmente para recogerlo a él y a su hermano Pete, que se había reunido con Louie en San Francisco para realizar con él la última parte de su regreso a casa.

Louie miró por la ventanilla mientras el B-25 se preparaba para aterrizar en Long Beach, California. Cuando el bombardero realizó la maniobra final de aproximación, sintió un nudo en el estómago. Por un lado no podía esperar para ver a sus padres y hermanas. Por otro no se le ocurría qué decirles. Nunca entenderían por lo que había pasado, las cosas terribles que había tenido que presenciar y hacer. Ni siquiera sabía cómo empezar a contarles acerca del pájaro, a pesar de que aquel cruel guarda seguía ocupando las pesadillas de Louie cada noche.

La familia Zamperini esperaba a Louie en la pista de aterrizaje. Louise Zamperini envolvió a su hijo en un enorme abrazo nada más descender éste del avión. Louie se relajó, al fin estaba en casa, todo iba a salir bien. Igual que tras las olimpiadas de 1936, le pareció que toda la ciudad de Torrance había salido a recibirlo. El jefe de policía, John Strohe, estaba allí con su auto patrulla con las luces brillando, y las porristas del colegio agitaban sus pompones. Recordó lo bien que se había sentido al regresar tras los Juegos olímpicos. Había sido el estadounidense más rápido en los 5000 metros y tenía muchas anécdotas graciosas que contar. Sin embargo, volver a casa como ex prisionero de guerra no era lo mismo. Todo el mundo le llamaba héroe, pero Louie se preguntaba qué había hecho de heroico a parte de sobrevivir.

En el hogar de los Zamperini, en la calle Gramercy, Louie se comió obedientemente el pastel que Virginia le había preparado y respondió a las preguntas de los periodistas que se agolpaban en la casa. Cuando al fin se fueron, la madre de Louie hizo una seña. Toda su familia salió de la habitación y volvió un minuto después cargada de paquetes de todos los colores.

—No hemos dejado pasar ni un solo cumpleaños o navidades —dijo su madre secándose las lágrimas—. Siempre te hemos comprado algo. Sabíamos que algún día volverías y abrirías tus regalos.

Louie fue abriendo uno tras otro los brillantes paquetes. Contenían discos e incluso un caro tocadiscos.

Cuando terminó de abrirlos todos, su hermana Sylvia, con una gran sonrisa, le dijo:

—Aún falta una cosa.

Y tomando uno de los discos lo situó en el plato de su nuevo tocadiscos. Puso la aguja en su sitio y una voz de mujer comenzó a hablar:

—Hola madre y padre, familia y amigos. Es su Louie quien les habla...

—¡Deténganlo!, ¡deténganlo, quítenlo de ahí! —gritó Louie, que temblaba de la cabeza a los pies y maldecía mientras Sylvia de un salto apagaba el tocadiscos.

—¡Rómpanlo! ¡Háganlo pedazos! —volvió a gritar.

Con lágrimas en los ojos, Sylvia partió el disco en dos.

—Como quieras, Louie —dijo tímidamente.

Louie se levantó y se dirigió a grandes pasos escaleras arriba hasta su viejo dormitorio. Cerró de un portazo y se tumbó en la cama. A la mañana siguiente se disculpó con Sylvia.

—Simplemente pensamos que te gustaría oírlo —dijo Sylvia—. Mamá y papá lo escuchaban cada día. Es una locutora leyendo tu mensaje. Fue así como supimos que seguías vivo.

—Lo sé, lo sé —respondió Louie—. Simplemente es algo que no me gustaría volver a recordar jamás.

Lo cierto es que Louie se encontraba atrapado en sus recuerdos de prisionero de guerra. Cuando estaba despierto, todo el mundo quería que contara cosas. Dos mil personas le escribieron pidiendo saber si había tenido noticias de su hijo o marido, otros tenían preguntas acerca del tiempo pasado en la balsa, y muchos le invitaban a dar conferencias en escuelas, clubs o en la radio. Louie se sentía abrumado. Pensaba que tenía que decir que sí a cada invitación, pero cada vez que hablaba revivía en su mente la terrible prueba que había pasado, primero en el mar y luego en manos de los japoneses. Incluso durante el sueño le era imposible escapar. Cada noche aparecían en sus pesadillas las mismas imágenes: el pájaro pegándole con un palo, el pájaro diciéndole que moriría pronto, el pájaro forzándole a lamer la porquería de la suela de sus zapatos. Las imágenes se sucedían hasta que Louie despertaba cubierto de sudor y odio.

No le llevó mucho tiempo decidir que el alcohol era el mejor recurso que tenía para embotar sus recuerdos. Al principio solo bebía antes de dar una conferencia. Después empezó a beber cada vez antes, hasta que acabó buscando una botella de whisky a la hora del desayuno. Sólo lo necesario para empezar bien el nuevo día, se decía a sí mismo. También bebía hasta bien entrada la noche, con la esperanza de que el sopor de la borrachera le evitase las pesadillas que lo atormentaban, pero no tuvo éxito.

No tenía problemas de dinero. El ejército le pagó 10.000 dólares en concepto de pagas atrasadas, y la compañía de seguros le permitió quedarse con los 1.600 dólares que había pagado a sus padres cuando se le dio por muerto. Louise y Tony Zamperini habían puesto hasta el último penique del dinero del seguro de vida en una cuenta bancaria a nombre de Louie, convencidos de que aún estaba vivo.

Cinco meses después de haber regresado a Torrance, Louie partió hacia Nueva York para dar el pistoletazo de salida de una carrera en el Madison Square Garden. Aquel evento deportivo se había llamado originalmente la Carrera de la milla en memoria de Zamperini, pero cuando descubrieron que estaba vivo, se le cambió el nombre a Carrera Zamperini de la milla.

Desde Nueva York, Louie voló hasta Miami Beach para tomarse unas pequeñas vacaciones. Los hombres que volvían del frente tenían derecho a dos semanas de descanso y relax, y él decidió tomárselas en Florida. En Miami Beach volvió a hacer de las suyas. Había una verja a lo largo de la playa que acordonaba una zona reservada para uso exclusivo de un caro club privado, llamado el McFadden Deauville Club. No había verja que se le resistiera a Louie, así que pronto se encontró al otro lado, paseando tranquilamente hacia el bar. Tras tomarse un par de cócteles, se dio la vuelta y vio a una joven con una larga cabellera rubia y una sonrisa deslumbrante

que caminaba por la habitación. Aquella mujer ni siquiera le miró de reojo, pero él no pudo quitársela de
la mente. Una mujer como esa, pensó, podría hacer
olvidar a un hombre sus peores pesadillas.

Al día siguiente Louie volvió a saltar la verja del
club. Esta vez se dirigió a la playa donde, para su
gran alegría, volvió a encontrar a la misma mujer
tomando el sol con una amiga. Se llamaba Cynthia
Applewhite, y le encantó charlar con él, quien no
tardó en averiguar que se trataba de la hija única de
una familia rica.

Mientras charlaban, Louie se dio cuenta de que
no podían haber tenido infancias más diferentes. Ella
había asistido a las mejores escuelas privadas, mientras que él se había abierto camino a duras penas
en un colegio público. Ella tenía criados en casa y
comía con cubiertos de plata sobre vajillas de porcelana fina, mientras que él se había sentado alrededor
de una gran mesa a comer todo lo rápido que podía
con la esperanza de poder repetir. Ella había viajado
en tren en primera clase, mientras que él había saltado a trenes de mercancías en marcha y viajado en
compañía de vagabundos. También descubrieron que
sólo había seis días de diferencia entre la fecha de sus
cumpleaños, el de ella era el 20 de enero, y el de él
el 26, aunque ella tenía veinte años y el veintinueve.
A él no le importó la diferencia de edad, encontraba
a Cynthia simpática y guapa, y consideraba que era
alguien con quien resultaba fácil hablar.

Al cabo de una semana, había hecho algo que
nunca se habría imaginado: le había confesado a
Cynthia que estaba enamorado de ella. Sabía que
su comportamiento era impulsivo, pero con el cielo
dorado del atardecer, la arena blanca y las hojas

de las palmeras meciéndose al ritmo de la fresca brisa de la tarde, le pareció que aquello era lo más adecuado.

Louie sintió un gran alivio cuando Cynthia, en lugar de reírse de él, canceló la lista de sus compromisos sociales para que ambos pudiesen pasar juntos la segunda semana de sus vacaciones. Siete días después ya hablaban de boda, y aunque Cynthia sabía que sus padres se opondrían, también estaba segura de su decisión de casarse con Louie. Cuando llegó el momento de la despedida, la pareja escogió una fecha en agosto para casarse y acordaron que Cynthia visitaría en breve a Louie en California.

Cynthia llegó en mayo de 1946 y Louie la llevó a visitar a sus padres. Las cosas no fueron bien; a ella le horrorizó la pequeña casa construida con tablones de madera en la que él había crecido, y le costó entender el fuerte acento italiano de su padre. Louie se ofreció a llevarla de vuelta al aeropuerto, si eso es lo que quería, pero ella prefirió continuar la visita.

Cuando los periodistas se enteraron de su compromiso de boda, les siguieron por todas partes. Los Angeles Times publicó una foto de ambos con el siguiente pie: «¿Harán una salida en falso?», en alusión a lo precipitado de su decisión.

Y eso es exactamente lo que hicieron, precipitarlo todo. Decidieron que no iban a esperar para casarse, así que el 25 de mayo de 1946 reunieron a la familia de Louie y pronunciaron sus votos matrimoniales en una iglesia Episcopal de Los Ángeles. Más tarde, tras una pequeña recepción, Louie llevó a su nueva esposa al cercano hotel Chatham.

—Solo quiero llamar a mi madre y decirle lo que hemos hecho —dijo Cynthia a Louie en el hotel.

Louie frunció el ceño, al tiempo que descorchaba la gran botella de champán que pensaba compartir con su esposa.

Mientras tanto, Cynthia marcó el número.

—Hola, mamá —dijo, y se derrumbó en lágrimas.

Louie escuchó a su mujer intentar explicarle a su madre por qué se habían casado tan rápido.

—Mejor cuelga y llámala otra vez por la mañana —dijo Louie, dando un gran trago de su copa de champán.

Una hora después, Cynthia trataba aún de que su madre entendiese lo sucedido, la gran botella de champán se había esfumado y Louie estaba como una cuba. Se fue a la cama solo, pero mientras se quedaba dormido, el pájaro apareció una vez más en sus sueños para pegarle en la cabeza con la hebilla metálica de su cinturón.

Capítulo 17

Por fin terminó su guerra

—Lo siento —dijo el médico mientras vendaba el tobillo de Louie—. Nunca podrás volver a realizar un gran esfuerzo con este tobillo. El músculo seguirá desgarrándose. Sencillamente, está demasiado dañado.

Louie apretó los puños mientras hervía por dentro. Habían pasado seis meses desde la boda y había empezado a correr de nuevo. Al principio todo le fue bien, pero entonces reapareció su antigua lesión, la que se había producido al caer de una pasarela mientras transportaba una pesada cesta de carbón, como prisionero de guerra en el campo de Naoetsu. Su esperanza de correr en los Juegos olímpicos de Londres de 1948 se había esfumado, arrancada por el pájaro y su cuadrilla de crueles guardas.

Mientras conducía en dirección a casa, en su interior se enojaba cada vez más. ¿Acaso no era suficiente que bastase el sonido de portazo para so- bresaltarlo, que cada noche tuviera que emborra- charse para poder soportar las pesadillas, que su mujer le dijese que se avergonzaba de su compor- tamiento? ¿No bastaba con todo eso? ¿Tenía, ade- más, que ver como el pájaro le arrebataba su sueño olímpico?

Durante las siguientes semanas sintió crecer la rabia en el interior de su alma hasta que se trans- formó en una auténtica obsesión. Sabía lo que tenía que hacer, lo único que le devolvería la paz. Tenía que reunir el suficiente dinero como para volver a Japón, cazar al pájaro y matarlo con sus propias manos, mientras le miraba directamente a los ojos.

Louie se entregó a su nuevo objetivo. Cuanto más rápido ganase dinero, antes podría volver a Japón para matar al pájaro. Él y Cynthia vivían en Hollywood, donde no escaseaba la gente que estaba deseando introducir a Louie en uno de esos típicos planes de negocio que tanto abundaban durante la posguerra, y que prometían un enriquecimiento rá- pido y sencillo. Louie los probó todos. Invirtió en una película egipcia, en una compañía de equipos de ex- cavación y transporte de tierra en Filipinas, en un negocio de concesión de licencias de pesca en Mé- xico, ¡incluso pensó en alistarse como mercenario! Pero ningún negocio salió adelante, ninguno le hizo ganar dinero. Nada conseguía hacerle feliz.

Dos años después, había gastado todos sus aho- rros y los Zamperini se vieron abocados a vivir en un pequeño y oscuro apartamento, con su coche a pun- to de ser embargado, su matrimonio por los suelos y un bebé en camino. Louie seguía sin conformarse con buscar un trabajo normal, tenía que encontrar la forma de ganar mucho dinero de forma que pudiese viajar a Japón para poner fin a sus pesadillas. Resultaba difícil de creer, pero las pesadillas eran cada vez peores. Una reciente había sido tan real, tan horrible, que Louie se despertó sentado a horcajadas sobre Cynthia, con las manos alrededor de su cuello y los ojos llenos de terror. No pudo culpar a su mujer por asustarse muchísimo. Ella también estaba conmocionada. Aquella noche no pudo volver a dormir, reflexionando sobre lo que habría ocurrido si no se hubiese despertado.

Durante el día, la casa de los Zamperini se volvía aún más violenta. La tensión crecía a medida que el sueño de Cynthia de tener un marido amoroso y una bella familia se iba desvaneciendo. Un día, al llegar a casa, Louie descubrió que Cynthia había estrellado sus frascos de perfume y lociones de belleza contra el suelo. En otra ocasión abofeteó a Louie y este le devolvió el golpe. No era un buen ambiente para un bebé, pero el 7 de enero de 1949, Cynthia Battle Zamperini, o Cissy, como la llamaban ellos, vino a este mundo.

Louie estaba encantado con su pequeña hijita, de pelo rubio y grandes ojos azules, igualita que su madre. Pero ni siquiera un precioso bebé pudo hacer que dejase de tener pesadillas. Seguía convencido de que lo único que podría solucionar su problema era matar al pájaro.

La situación en casa fue empeorando y un día, Cynthia llegó a casa y encontró a Louie sacudiendo al bebé con rabia. Aquello fue demasiado, le dijo a Louie que vivir con un héroe de guerra era una cosa, pero vivir con un hombre que no era capaz de dejar la guerra atrás y proseguir su vida era algo muy distinto. Quería el divorcio, y él lo entendió perfectamente.

Varios días después, Louie estaba en el vestíbulo de su edificio de apartamentos echando humo de rabia. Su nuevo vecino, que acababa de mudarse allí, era increíble. No sabía hacer otra cosa que hablar de Jesús. Que si Jesús lo había sanado, que si era su mejor amigo, que si Jesús le hablaba. Louie decidió que aquel hombre estaba completamente loco, pero cuando se cruzaban en el vestíbulo Cynthia era lo suficientemente educada como para escucharlo, y ahora aquel hombre les estaba invitando a una reunión evangelística que se iba celebrar en una carpa, en el cruce entre Washington Boulevard y Hill Street, en el centro de Los Ángeles. Un joven sureño, llamado Billy Graham, iba predicar en aquella reunión. El vecino se ofreció a llevarlos en su automóvil. Louie se alejó de allí echando chispas.

Varios minutos después, Cynthia entró en el apartamento.

—Voy a ir esta noche —anunció.

Louie puso los ojos en blanco y fue a buscar una botella de whisky.

La Cynthia que dejó el apartamento aquella noche y la Cynthia que volvió a él fueron dos personas diferentes. Louie lo notó de inmediato. Su esposa le dijo que ya no estaba interesada en divorciarse, sino que oraría para que el pudiese encontrar la paz de Cristo en su corazón, tal y como le había sucedido a ella en la reunión de la Asociación Billy Graham. Louie no podía creerlo. Se sintió aliviado de que ya no quisiera divorciarse, pero toda aquella jerga religiosa era chocante. Se había casado con una mujer inteligente y autosuficiente, ¡y había acabado con una santurrona! No podía ser cierto, pero lo era. Cynthia y su vecino le acosaron sin descanso hasta que accedió a asistir a una de las reuniones de Graham. Aceptó, pero con la condición de que después de eso no debía volver a hablarle de religión en casa nunca más.

Louie y Cynthia se detuvieron frente a la enorme carpa levantada para el evento y él leyó el cartel colgado a la entrada: «Cruzada del área metropolitana de Los Ángeles, ¡6000 asientos libres!». Una vez en el interior, Louie se sentó detrás, tan cerca de la salida como le fue posible, con el fin de poder escabullirse rápidamente. Alguien salió al escenario y empezó a cantar un himno. Louie no conocía la letra. Después cantaron un segundo himno y a continuación se hizo el silencio en aquella gran multitud al ver entrar al predicador. Billy Graham no era en absoluto lo que Louie se esperaba. Era joven, más joven que él, tenía la apariencia de una estrella de cine y hablaba con acento sureño.

—Por favor, abran sus Biblias en el evangelio de Juan, capítulo ocho —dijo Billy.

Vio a su mujer pasar las páginas de la Biblia que su vecino les había regalado.

Billy empezó a leer el pasaje.

—Jesús fue al monte de los olivos...

Louie miró a su alrededor. De las veinte personas que ocupaban la fila que tenía delante, ocho de los hombres y cinco de las mujeres llevaban zapatos negros. Louie siguió mirando alrededor, buscando desesperadamente algo con lo que distraerse, para así no tener que escuchar nada de lo que dijese el predicador. Sin embargo, ocasionalmente, retazos del sermón lograban penetrar en su mente. Escuchó a Billy hablar sobre cómo juzgaría Dios a todos los seres humanos.

—Usará sus estándares santos, y muchas personas escucharán las palabras «Aléjate de mí, nunca te conocí».

Louie sintió deseos de saltar de su asiento y dar a Billy Graham un buen puñetazo en la mandíbula. ¡Cómo se atrevía a decir aquello! Él era un buen hombre, un hombre afectuoso, un hombre fiel. Dios jamás le diría que se apartase de Él.

—Aquí, esta noche, tenemos a un hombre que se ahoga, perdido en el mar de la vida —siguió diciendo el predicador. El recuerdo de la balsa salvavidas apareció vívidamente en su mente. ¿Cuántas veces había orado a Dios durante aquellos peligrosos días, creído que Dios le ayudaría, y prometido que le serviría?

—Ahora, con todas las cabezas agachadas y todos los ojos cerrados, levanta tu mano si has entendido que eres un pecador y quieres invitar a Jesucristo a ser el Señor de tu vida.

Louie agarró la mano de Cynthia.

—Vámonos —dijo, levantándola de un tirón de su asiento y apresurándose hacia la salida.

Las lágrimas se deslizaban por las mejillas de Cynthia mientras conducían en silencio de vuelta a casa.

A la mañana siguiente, Cynthia comenzó a animar a Louie de nuevo.

—Deberíamos volver esta noche, Louie. Si tan solo hicieras lo que dice el Sr. Graham, podrías encontrar la paz que buscas. Sé que la encontrarías.

De una cosa Louie estaba seguro: nunca quería volver a asistir jamás a una reunión evangelística, así que se negó a ir, pero Cynthia siguió insistiendo.

—De acuerdo —dijo finalmente Louie—. Iré siempre que encuentres a alguien que cuide a la niña, y con la condición de que nos vayamos antes de que empiece todo ese rollo de «cierren los ojos» y demás.

Durante el segundo sermón, Louie encontró más difícil dejar de prestar atención. Billy citó la Biblia de nuevo: «¿De qué aprovecha a un hombre ganar todo el mundo si pierde su alma?».

A Louie no le gustaba pensar en su alma, ni tampoco en la de ningún otro, pero Billy prosiguió:

—Cuando recibes a Jesús como tú Salvador, eres regenerado por el Espíritu de Dios. Tu vida es transformada. Eres una nueva persona en Cristo. Recuerda, Jesús no quiere parte de tu vida; Jesús la quiere toda. Quiere que te arrepientas de tus pecados y rindas tu vida de forma total y completa a Él, con el fin de seguirlo.

Aquello era demasiado para Louie. ¿Cómo podía una persona renunciar a toda su vida? ¿Qué implicaciones tendría eso para él? No más fiestas, no más noches de borrachera, no más diversión... nunca más. ¿A qué se dedicaría durante todo el día? Y por la noche, si estaba completamente sobrio, ¿cómo soportaría las terribles pesadillas que tuviese?

—Puede que pienses que no eres capaz de llevar una buena vida cristiana —dijo Billy—, pero Cristo te ayudará.

Louie miró hacia la salida más próxima. El sudor le corría por la cara y sentía dificultad para respirar. Tenía que salir de allí.

—Que nadie se vaya ahora —escuchó decir a Billy—. Este es un tiempo sagrado. Que todo el mundo permanezca quieto y en silencio. Deja que el Espíritu de Dios obre en tu corazón.

Louie miró por encima de las filas de cabezas in-
clinadas y salió disparado hacia la salida. Escuchó
a Cynthia caminar detrás de él.

A mitad del pasillo, Louie se detuvo. No podía
continuar avanzando. Recordó la balsa y su oración:
«Dios, si me sacas de aquí, te buscaré y te serviré
el resto de mi vida». Y ahora aquí estaba él, huyendo de Dios todo lo rápido que podía. ¿Pero por qué
corría? Su vida era un desastre. Estaba agobiado,
sin empleo, sin dinero, agotado. ¿Por qué tenía vergüenza de reconocer que necesitaba que Jesucristo
le sacase de aquella situación?

Lentamente, Louie se dio la vuelta y retrocedió lo
andado, dirigiéndose no hasta su asiento, sino hasta una habitación reservada para la oración, donde
se arrodilló y oró. Allí derramó por primera vez su
corazón a Dios, sin negociar nada con Él, sin excu-
sas, sin reservas. En ese momento Louie no se sintió
como un atleta olímpico, o como un héroe de guerra,
sino como alguien profundamente agradecido de re-
conocerse sólo como un simple pecador que necesitaba recibir perdón.

Al ponerse en pie, supo que algo había cambiado
en su interior. Se sentía ligero, perdonado, limpia-
do de dentro a fuera. Pero también sentía algo más,
algo inesperado. El odio que había albergado durante
tanto tiempo a sus captores japoneses, incluido el pájaro, había desaparecido, se había desvanecido totalmente. Aquella noche al llegar a casa, Louie derramó
sus botellas de bebidas alcohólicas por el fregadero.
No lo pensó dos veces. No quería volver a beber nunca más. También arrojó sus cigarrillos a la basura.

Louie se fue a dormir sobrio aquella noche y
cayó en un sueño profundo. Al despertar la mañana

siguiente le llevó unos instantes comprender lo que había sucedido. Acababa de pasar la primera noche de los últimos cuatro años sin tener una pesadilla sobre el pájaro. Empezó a llorar. Se había acabado; su guerra finalmente había terminado. Billy Graham tenía razón, él era «una nueva criatura en Cristo», y lo viejo había pasado.

Capítulo 18

Perdón

—Estaré fuera un rato —le dijo Louie a Cynthia un par de días después—. Voy a inscribirme en el Servicio de empleo para veteranos, a ver si encuentro trabajo.

Cynthia estaba exultante.

Mientras conducía hacia el centro de la ciudad, Louie pensó en sus anteriores intentos de ganar dinero. Nunca habían consistido en conseguir un empleo o en cobrar un salario regularmente. Ahora se sentía distinto, estaba seguro de poder encontrar algún tipo de trabajo a través del servicio de empleo para veteranos. Puede que no fuera un trabajo muy glamoroso, pero le permitiría conseguir honradamente algún dinero para cuidar de Cynthia y de Cissy. Quizá, si se esforzaba en ahorrar, algún día podría comprar una pequeña casa para ellos.

211

Cuando pasó adelante en la reunión evangelística de Billy Graham, Louie rellenó una tarjeta de seguimiento en la que apuntó su nombre, dirección y número de teléfono. Al día siguiente de su visita al servicio de empleo para veteranos, la organización de Billy Graham se puso en contacto con él y le pidió que fuese a ver a Billy y al director de su coro, Cliff Barrows, en la carpa del centro de la ciudad. Louie le estrechó la mano a Billy y a Cliff, y Billy le pidió que le describiera lo que le había ocurrido. Louie lo hizo encantado, y aparte les hizo algunas preguntas. Se había dado cuenta de que de repente le encantaba dedicar un montón de tiempo a estar solo en el parque o en su apartamento leyendo la Biblia y pensando sobre su vida. ¿Era aquello normal?

Billy le aseguró que lo era.

—Dios está sacando a la superficie lo que llevas dentro, de forma que pueda tratar tus problemas. Te está renovando de dentro a fuera.

Tras una pausa, añadió.

—Esta ha sido una semana fantástica. Otros dos hombres muy conocidos, Jim Vaus, que trabaja para el gánster Mickey Cohen, y Stuart Hamblen, el comediante, han aceptado también a Cristo. Cliffy yo hemos estado orando sobre el tema, y nos gustaría que pensaras en la posibilidad de unirte a nosotros y dar tu testimonio sobre el escenario.

Louie negó con la cabeza.

—Me temo que no. Quiero conseguir un empleo normal y ser un cristiano normal. Ya no quiero ser el centro de atención. He dejado eso atrás.

—Ora sobre ello —dijo Billy poniendo la mano sobre el hombro de Louie—. Lo único que te pido es que lo pongas en oración.

Dos semanas después, Louie estaba en un tren de camino a Modesto, California. Cliff Barrows había comprado el billete y le había pedido que hablase en la iglesia que pastoreaba su padre.

—Simplemente comparte tu experiencia durante la guerra, lo que pasó en la balsa, y lo que te sucedió cuando pasaste adelante en la reunión evangelística. Puedes hacerlo, ¿verdad? —había dicho Cliff.

Louie tuvo que admitir que aquello no parecía difícil. Y no lo fue. Como la iglesia del padre de Cliff había sido destruida hacía poco por un incendio, Louie habló de su vida y dio su testimonio en una gran carpa. Le encantó la experiencia.

Las tres conversiones de personajes famosos durante la campaña evangelística de Billy Graham en Los Ángeles llamaron la atención de los medios de comunicación. De repente se encontró con que su historia, junto con las de Jim Vaus y Stuart Hamblen, salía en las páginas de Los Angeles Times y la revista Life. Le gustase o no, Louie volvía a estar bajo los focos de la opinión pública. De hecho, no llegó a conseguir un trabajo normal. En lugar de ello aceptó invitaciones para dar charlas a lo largo de toda la costa oeste. Como por aquel entonces ya le habían embargado el automóvil, iba en tren a sus diferentes compromisos, o le llevaba en automóvil alguno de sus nuevos amigos cristianos.

Ahora su vida era diferente. Oraba antes de tomar decisiones y le rogaba a Dios que le ayudase a pagar sus facturas. Y funcionó. La mayoría de los lugares a los que fue a hablar le entregaron una ofrenda, lo que le permitió atender a los gastos de su familia y, con el tiempo, comprar otro automóvil. Louie no dejó de entregar el diez por ciento de todo lo que recibía para colaborar en otros ministerios cristianos.

La familia Zamperini floreció. Eran pobres, pero estaban felices por haber encontrado al fin la paz. Louie se maravillaba de cómo había podido meterse en el pasado en todos esos negocios que prometían dinero fácil. El dinero ya no le parecía tan importante; seguir a Dios sí.

El verano de 1950, le pidieron que diese su testimonio en una conferencia cristiana que iba a celebrarse en Winona Lake, en el norte de Indiana. Una gran multitud se congregaba allí para escuchar a los muchos misioneros y evangelistas que se reunían cada verano para intercambiar experiencias y animarse mutuamente. Louie encontró el ambiente de la conferencia muy inspirador. Antes de ser cristiano no había siquiera tenido noticia de que ese tipo de reuniones existiesen. Ahora estaba allí, participando con entusiasmo, al menos hasta que escuchó hablar a Bob Pierce.

Al principio a Louie le gustó la charla de Bob, un hombre rudo que viajaba a lo largo de Asia organizando campañas evangelísticas y filmando las duras condiciones a las que tenían que enfrentarse los niños después de la guerra. Louie recordó haber visto en los pueblos japoneses al finalizar el conflicto bélico, a niños con vientres protuberantes, ojos desorbitados y vestidos con harapos. Bob habló acerca de recaudar dinero para ayudar a esos niños, pero entonces dijo algo más.

—¿Por qué estamos los cristianos estadounidenses tan centrados en enviar equipos misioneros a Europa? Cientos de personas han sido enviadas allí, y me parece muy bien, pero ¿y Japón? ¿Acaso no tiene también Japón necesidad de misioneros? El general MacArthur pidió que se enviasen allí veinticinco mil de ellos, y no ha ido nadie. ¿Cómo es posible?

Louie no tenía respuesta, pero tampoco quería pensar demasiado en ello. Todo lo que sabía es que no quería tener nada que ver con Japón. Tan pronto como Bob terminó de hablar, Louie salió por la parte de atrás del lugar de reunión. No se sentía con ganas de hablar con nadie.

Mientras caminaba de vuelta a su habitación de hotel, no conseguía apartar de su mente la idea de que no sólo tenía que volver a Japón, sino también que visitar la prisión de Sugamo, donde, según había leído, estaban encarcelados todos los criminales de guerra japoneses, incluyendo varios de los guardas de los campos de prisioneros donde él había estado.

—Dios —oró Louie mientras caminaba—, Tú sabes que no quiero hacerlo, así que si quieres que vaya a Japón, por favor, dímelo muy claramente. Hace poco que soy cristiano, así que si quieres que esté seguro de que eres Tú quien me habla, vas a tener que darme una buena patada en el trasero.

A mitad de camino, mientras aún se encontraba en los terrenos del lugar de conferencias, vio como se le acercaba un desconocido.

—Hola, me llamo Eric Folsom —dijo presentándose—. Antes le oí dar su testimonio. ¿Estaría dispuesto a hablar en mi iglesia, en Tucson?

Louie respiró con alivio. Por un momento pensó que aquel hombre iba a pedirle que fuese a Japón.

—Claro —respondió, al tiempo que se metía la mano en el bolsillo para sacar una tarjeta.

—Por cierto —continuó Eric—. ¿Ha escuchado el desafío de Bob Pierce acerca de Japón?

—Sí —dijo Louie, y cambiando rápidamente de tema añadió—. Llámeme cuando regrese a casa y podremos acordar una fecha para que vaya a visitar su iglesia.

—El mensaje de Bob ha sido impactante, ¿verdad? —insistió Eric.

—Sí, lo ha sido —dijo él—. Bueno, iba de camino a mi habitación —añadió alejándose de aquella conversación.

—Espere —dijo Eric agarrando a Louie del brazo—. Durante nuestra conversación he sentido que Dios me pedía que le entregase 500 dólares para su viaje misionero a Japón.

Louie quedó conmocionado. No había forma de librarse. Tendría que volver a la tierra de sus viejas pesadillas.

—No tengo el dinero —continuó diciendo Eric—, así que tendré que vender mi auto para conseguirlo, pero no importa. Dios proveerá. Le enviaré un cheque en una semana o dos.

Louie se sintió humillado. Sabía lo mal que se pasaba sin automóvil, y este desconocido estaba dispuesto a vender el suyo con tal de que pudiese ir a Japón. Aquello era una patada en el trasero que no podía ignorar.

Apenas una hora más tarde, alguien llamó a la puerta de su habitación. Abrió y se encontró con seis jóvenes en el pasillo. Una joven se adelantó.

—Señor Zamperini, el desafío en cuanto a Japón nos ha tocado y hemos decidido que usted sería la persona más indicada para ir allí —dijo entregándole un sobre—. Este dinero es para usted —Louie la miró con los ojos en blanco mientras ella proseguía—, para ayudarle a llegar allí.

Louie murmuró unas palabras de agradecimiento, cerró la puerta y se sentó en la cama. ¿Cómo es posible que en tan solo una tarde todo su mundo se hubiera vuelto del revés? Le estaban saliendo las cosas bien, daba su testimonio, oraba con Cynthia, leía su Biblia, ¿y ahora, de repente, esto? Estaba perplejo. ¿De verdad quería volver a ver a todos esos guardas? ¿Y si aquello le empujaba otra vez al precipicio? Louie no había vuelto a tener una pesadilla desde que aceptara a Cristo en la reunión evangelística, pero ¿no cambiarían las cosas si volvía a entrar en una prisión, o si miraba al pájaro a los ojos de nuevo? Se secó el sudor de la frente, sabía que se trataba de un enorme riesgo.

En octubre de 1950, Louie cruzaba el Pacífico a bordo de un avión de las aerolíneas Northwest. El aparato haría escalas en Honolulu y en la isla Wake, antes de aterrizar en Tokio. Louie conocía los tres lugares. Aunque el vuelo fue bastante tranquilo, había una gran agitación en su corazón. Por un lado deseaba no haber ido, pero por otro estaba seguro de que estaba cumpliendo la voluntad de Dios.

Louie ni siquiera sabía si le iban a permitir entrar en la prisión de Sugamo. Difícilmente se lo permitían a alguien, pero tenía que intentarlo. A su llegada a Tokio, varios corresponsales de las oficinas locales de la revista Life se le aproximaron en el aeropuerto. Sabían que planeaba ir a Sugamo y le pidieron si podía conseguirles pases también a ellos, que llevaban meses intentando visitar la prisión. Louie les prometió que lo intentaría.

Le pareció surrealista estar de nuevo en Japón. Tenía por delante un itinerario muy apretado. Un grupo de pastores y capellanes le había organizado una agenda que incluía varias conferencias en distintas bases estadounidenses, universidades e iglesias. En todos los lugares en los que habló fue bien recibido, incluso cuando relató con franqueza la brutalidad con que los guardas japoneses le habían tratado a él y a los demás prisioneros de guerra.

Una noche tenía programado hablar en el recién inaugurado auditorio cívico de Tokio. A pesar de la intensa lluvia, veintitrés mil personas acudieron a escucharlo. Al final, tuvo que dar dos conferencias seguidas para que nadie se quedase sin escucharlo. Louie quedó asombrado y conmovido por la respuesta de la gente.

Hasta entonces, no se había encontrado con nadie conocido, y se preguntaba qué pasaría si eso llegaba a ocurrir. No tardaría en descubrirlo.

Hubo que negociar bastante, pero, al final, el mismísimo general MacArthur concedió a Louie y a los reporteros de la revista Life permiso para visitar la prisión de Sugamo. De camino al centro penitenciario, que se encontraba en el mismo Tokio, Louie se preparó para la experiencia. Al cruzar las puertas de la prisión se sintió extraño. Ahora era un hombre libre, que podía entrar y salir cuando le apeteciese, mientras que muchos de sus antiguos guardas se habían convertido en los prisioneros. Un tiempo atrás aquello le hubiera alegrado, pero ahora le hacía meditar seriamente. Un guarda acompañó a Louie hasta una gran habitación donde ochocientos hombres le esperaban sentados en el suelo, esperando su llegada. Según su escolta, todos eran antiguos guardas de distintas prisiones y se les custodiaba juntos para que pudiesen asistir a las vistas de los distintos juicios de guerra que se estaban celebrando.

Mientras se preparaba para hablar, Louie examinó a su audiencia. No pudo reconocer a nadie en las primeras filas, pero más atrás sí divisó caras familiares: el curandero, Jimmie Sasaki y varios otros. Siguió mirando, pero no pudo ver al pájaro.

Louie se sorprendió de lo enormemente fácil que le resultó hablarles acerca de sus experiencias. Al contemplar el mar de rostros confusos, sintió crecer dentro de él una gran compasión hacia aquellos hombres que habían hecho su vida, y las vidas de incontables otros prisioneros de guerra, un infierno en la tierra.

Al terminar su conferencia, los hombres que le conocían fueron invitados a acercarse al frente y reunirse con él. Era el momento que Louie tanto había temido, estar cara a cara con sus antiguos torturadores. Pero cuando empezaron a pasar al frente, con las cabezas gachas, Louie se encontró a sí mismo corriendo por la sala para abrazar al primero de aquellos hombres, mirarle a los ojos y decirle que Dios le amaba, y él también. El sentimiento de compasión crecía en su interior a medida que iba encontrándose con cada uno de sus antiguos guardas. Para él, fue maravilloso y emocionante comprobar hasta qué punto su fe en Dios le había cambiado realmente.

Mientras le acompañaban al exterior de la prisión, Louie hizo una última pregunta. ¿Dónde estaba el pájaro?

—Hemos dedicado un montón de dinero y recursos a intentar localizarlo —le dijeron a Louie—. Es el número veintitrés en nuestra lista de más buscados, pero recientemente hemos sabido que se ha suicidado.

A Louie le apenó la noticia. Se sintió triste al pensar que el pájaro se había sentido tan desesperado, y le entristeció no haber tenido la oportunidad de decirle al pájaro que le perdonaba.

Durante el viaje de regreso a Estados Unidos se sentía bastante satisfecho. Había hecho nuevos amigos y había compartido su fe. Pero, sobre todo, se había enfrentado cara a cara a las peores circunstancias de su vida y había conseguido salir indemne.

Capítulo 19

Resucitado

Tras su regreso a Estados Unidos Louie no bajó el ritmo. Recibía más invitaciones que nunca para dar conferencias, y ahora incluía en sus charlas su experiencia en la prisión de Sugamo. Su público favorito era la gente joven y extraviada. Le gustaba dirigirse a los jóvenes en campamentos, prisiones, internados y hogares de acogida. Empezaba por contarles cómo era la vida de un prisionero de guerra, cómo uno perdía su dignidad y era consumido por un odio y una rabia tan grandes que al final el único propósito de tu vida era volver al lugar de tu humillación y matar a alguien. ¡Esto captaba la atención de los chicos! A partir de ese punto, les explicaba cómo podían escapar de su situación y retomar las riendas de sus propias vidas. Les explicaba cómo se había hecho cristiano y cómo, siendo aún un muchacho, el mundo del atletismo le había permitido centrarse en algo sano.

Louie conocía de primera mano la capacidad de los deportes para entretener a los jóvenes y corregir su rumbo. Tras tres años meditando en ello, al fin decidió crear su propio programa para jóvenes, al que llamó campamento para chicos Victoria. Encontró un lugar de campamentos en estado ruinoso situado en las montañas de San Gabriel, a las afueras de Los Ángeles, y se puso a trabajar para dejarlo en condiciones de ser utilizado.

Mientras tanto, la familia Zamperini se había mudado a su propia pequeña casa, y un segundo bebé, un niño llamado Louis Jr., había nacido el 4 de agosto de 1953. Cynthia y Louie lo llamaban Luke.

Cuando terminó el trabajo de restauración del campamento, Louie, junto con otros dos atletas olímpicos a los que convención para colaborar, llevó a treinta y cinco chicos a las montañas. Algunos de ellos eran delincuentes juveniles y pandilleros, y tuvo que hacerse responsable para que la policía accediera a dejarlos bajo su custodia. Esto no le preocupaba, estaba convencido de que por dentro sólo eran chicos confundidos y llenos de cicatrices. Necesitaban dirección, ¿y qué mejor lugar para encontrarla que en medio de la naturaleza?

Louie les guió a través de marchas por la montaña, les enseñó técnicas de supervivencia, a hacer rápel, a montar a caballo y métodos primitivos de acampada. Por la noche, cuando los chicos estaban exhaustos, aprovechaba para contarles historias alrededor del fuego del campamento. Les contaba acerca del pájaro y de lo fácil que era dejarse consumir por el odio y el deseo de venganza. Después les contaba el relato de su regreso a Japón, y de cómo su amargura se había esfumado y había experimentado un intenso deseo de abrazar a sus antiguos enemigos. Louie sabía que lo que más necesitaban los chicos era a alguien que fuese sincero con ellos y reconociese lo dura que puede ser la vida y cómo podían superar las pruebas que planteaba. Al pensar en la forma en que sus experiencias ayudaban a los chicos, se sintió agradecido por cada una de las situaciones terribles por las que había tenido que pasar.

Louie llevaba una vida plena. Le encantaba trabajar en el campamento de chicos y criar a sus dos hijos. A principios de 1954 se llevó una gran sorpresa. Había ido a una cadena de televisión para lo que suponía que era una simple entrevista. Al entrar en el estudio escuchó la voz del locutor:

—Louie Zamperini: ¡ESTA ES TU VIDA!

Aquella noche, Louie era el protagonista de un popular programa de televisión que sorprendía a sus invitados con acontecimientos y personas de su pasado. Cynthia se sentó en un sillón con Cissy en su regazo. Detrás de Louie estaban sus padres. Una a una fueron pasando al escenario distintas personas a saludar a Louie y contar historias a su respecto. Jesse Owens estaba allí, así como su antiguo entrenador en la USC. Phil, su piloto, compañero de balsa y superviviente también del campo de prisioneros durante la segunda guerra mundial, condujo su propio automóvil desde Indiana para participar en el programa, ya que se había jurado a sí mismo que no volvería a volar de nuevo. Al final del programa, el presentador le entregó a Louie un reloj de oro, una cámara cinematográfica, una furgoneta Mercury y un cheque de 1000 dólares, que Louie utilizó para ayudar a financiar su campamento de jóvenes.

Tras el programa de televisión, un editor de Nueva York, E. P. Dutton, le pidió que escribiera su autobiografía. Para ayudarle le pusieron una colaboradora llamada Helen Itria. El resultado fue el libro *Con el diablo pisándome los talones*, publicado en 1956. A Louie le entregaron un adelanto de 8000 dólares, que uso para comprar una casa en Hollywood Hills. Una vez más, aumentó el número de invitaciones para dar conferencias, de las que aceptó todas las que pudo, al tiempo que seguía dirigiendo el campamento de jóvenes.

Los años pasaron, y Cynthia y él llevaron vidas muy ocupadas. A medida que sus hijos se hicieron mayores, aumentaron los ingresos de la familia por medio de la compraventa de propiedades inmobiliarias en Los Ángeles, también ayudaron a montar en su iglesia un programa de ayuda a los ancianos y se hicieron maestros de la escuela bíblica.

Los años se transformaron en décadas, y los Zamperini hicieron viajes de vez en cuando, pero Louie no volvió a Japón. Esto cambió cuando le invitaron a llevar la antorcha olímpica a su paso por Naoetsu, para los Juegos olímpicos de invierno de Nagano de 1998, en Japón. Louie no se lo pensó dos veces y aceptó la invitación.

El 7 de febrero de 1998, con ochenta y un años, se puso un uniforme de atletismo azul y blanco, y se dispuso emocionado a recorrer el tramo de un kilómetro que le correspondía, sujetando en alto la antorcha olímpica. Era un día lluvioso, y miles de niños japoneses que vestían chubasqueros de brillantes colores se alineaban a lo largo del camino animándolo. Louie sabía que entre los niños que agitaban alegremente banderitas a su paso podían estar los nietos de sus antiguos torturadores y guardas. Fue un momento mágico, que jamás hubiera podido imaginar cincuenta y tres años antes, cuando estaba encarcelado apenas a dos kilómetros y medio de allí.

Cuando le entregó la antorcha al siguiente corredor, llevaron a Louie a visitar el lugar del antiguo campo de prisioneros donde le habían encarcelado. Ahora era un lugar precioso, un parque dedicado a la paz, presidido por dos estatuas que simbolizaban respectivamente la paz y la amistad. Louie se maravilló al conocer la historia de cómo se había financiado el parque. La gente de Naoetsu se había asociado para comprar el terreno y transformarlo en un lugar en memoria de los soldados aliados que habían sido encarcelados, habían trabajado y habían muerto allí. Fueron la primera comunidad de Japón en honrar a los hombres que habían sido capturados y sufrido abusos. Louie lo contempló con los ojos llenos de lágrimas. En el pasado había intentado con todas sus fuerzas olvidar este lugar. Ahora oraba para no olvidarlo jamás.

Louie disfrutó asistiendo a los Juegos olímpicos de invierno. Esperó con especial ilusión el momento de la ceremonia de clausura. La cadena de televisión CBS había pasado los dos últimos años preparando una película de treinta y cinco minutos, llamada El gran Zamperini, en la que se narraba su vida, y que iba a ser proyectada para la multitud reunida y también se iba a transmitir para todo el mundo. Louie había contribuido a la producción del documental, rebuscando entre cajas con viejas cartas, documentos y fotos que ayudasen a los guionistas. Al mismo tiempo, uno de los productores viajó a Japón para

investigar cuál había sido el destino de los guardas
que habían custodiado a Louie durante su cautive-
rio. Louie quedó muy sorprendido al descubrir que
el pájaro seguía vivo. El productor llegó incluso a filmar una entrevista con Mutsuhiro Watanabe, pero
este rechazó reunirse con Louie en persona. Para él
fue una decepción, se había imaginado lo maravilloso que habría sido rodear al pájaro con sus brazos y
decirle que le perdonaba.

Tras los Juegos olímpicos de Nagano de 1998
hubo otra ola de interés por Louie, que procuró viajar todo lo que pudo. Sin embargo, pronto recibieron
la noticia de que Cynthia tenía cáncer. Su mundo se
detuvo para cuidar de su esposa enferma, que murió
el 21 de febrero de 2001, a los setenta y cinco años
de edad. Habían estado casados durante casi cincuenta y cinco años y, al mirar atrás, Louie recordó
agradecido su insistencia para que asistiera a las
reuniones evangelísticas de Billy Graham. Aquello
no sólo le había rescatado del pozo de desesperación
en el que se encontraba, sino que también había salvado su matrimonio.

En el 2002, Louie recibió una carta que empezaba así: «Estimado Sr. Zamperini: Me llamo Laura
Hillenbrand y soy la autora de un libro recién publicado llamado Seabiscuit». Louie conocía bien la historia de Seabiscuit, un pequeño caballo de carreras
que, contra todo pronóstico, se había transformado
en un campeón. Seabiscuit había sido un poderoso
símbolo de esperanza para muchos estadounidens-
ses durante la gran depresión. En su carta, Laura le
explicaba que mientras investigaba para escribir su
libro había leído mucha prensa deportiva de aquella
época y había visto el nombre de Louie Zamperini

muchas veces. Tras leer algunos de los artículos publicados sobre él, se había prometido a sí misma que cuando terminase con Seabiscuit investigaría la vida de Louie con más profundidad. Ahora, comunicaba a Louie, había decidido escribir su historia.

La idea no le entusiasmó. Acababa de reescribir y actualizar con David Resin el libro *Con el diablo pisándome los talones*. Esta autobiografía actualizada incluía muchos detalles nuevos, descubiertos durante la producción de El gran Zamperini. Sin embargo, Laura insistió. Le hizo notar que ella lo que haría sería una biografía, que no era lo mismo que cuando él contaba su historia. Ella podría incluir hechos en relación con lo sucedido a sus amigos tras la guerra, así como datos interesantes sobre lo que ocurría durante la guerra en otros lugares. En una autobiografía aquello no era posible. Louie quedó interesado en esta forma de narrar los hechos. Pensó que Laura podía contar su historia desde una perspectiva nueva, para una nueva generación. Laura y Él hablaron por teléfono y Louie le ofreció toda la ayuda que necesitase. Más tarde se dio cuenta de que aquella había sido una de las mejores decisiones que podía haber tomado.

El 26 de enero de 2007, Louie cumplió noventa años y estaba tan activo como siempre. Una de sus actividades favoritas era visitar a los marines del Centro de combate aire-tierra del 29º Cuerpo de marines de Palms, para enseñarles técnicas de supervivencia en combate. Le recordaba al tiempo que pasó en Hawái, cuando un anciano nativo le enseñó cómo repeler los ataques de los tiburones. Louie les contaba la historia a los marines riendo entre dientes, y les decía:

—Presten atención, uno nunca puede saber cuándo necesitará recordar esto.

Louie participó en otras actividades, algunas de las cuales asustaron a sus hijos. En cierta ocasión en que los árboles que rodeaban su casa, situada en una ladera, necesitaron una poda, Louie aceptó el desafío, subiéndose a ellos con una motosierra en la mano. También le gustaba esquiar, no en las pistas para principiantes, sino en las de máxima dificultad, pasando como un rayo entre los banderines y disfrutando de la velocidad y el placer del esquí.

Para su cumpleaños, la familia y amigos de Louie organizaron una cena de caridad en la USC, cuyos beneficios fueron destinados a su querido campamento de jóvenes Victoria, una organización sin ánimo de lucro. Durante la cena se anunció la colocación de una estatua suya en la que ya se llamaba Plaza Zamperini, situada en el exterior de la pista de atletismo de la universidad. También se presentó un premio anual que se concedería al atleta más destacado del equipo de carrera en pista de la USC.

A Louie le encantó aquella reunión, y demostró estar en buena forma cuando fue su turno de hablar:

—No puedo seguir haciendo esto —dijo bromeando—. Demasiados cumpleaños pueden matarte —a lo que añadió, ya en serio—. A pesar de todo lo que he pasado, no cambiaría mi vida por la de ninguna otra persona del mundo.

El 2008 fue especialmente duro para Louie. Se transformó en un tipo diferente de superviviente: aquel que sobrevive a la muerte de sus hermanos. En mayo, su hermano Pete, el que le introdujo al mundo del atletismo y cambió el rumbo de su vida, murió de cáncer. Dos meses después falleció su hermana Virginia, y en octubre murió Silvia. Louie, que poseía un certificado de defunción a su nombre fechado en 1943, los había sobrevivido a todos.

En el 2011, a sus noventa y cuatro años, Louie comprendió que Laura no se encontraba bien de salud como para hacer la gira de promoción del libro, así que se ofreció a hacerla él. De nuevo estaba en la carretera. Durante los siguientes doce meses, habló en cerca de cincuenta ocasiones y recorrió Estados Unidos de costa a costa. Incluso visitó el Centro Billy Graham en Carolina del Norte, donde pudo contemplar una exposición sobre la campaña evangelística de 1949, en Los Ángeles. En Washington DC, se encontró con Laura en persona y le agradeció por haber rescatado la historia de su vida, diciéndole en broma que ¡le había resucitado!

Pero aún sucederían más cosas. En el 2012, Angelina Jolie leyó *Invencible* de un tirón, dos veces, y tomó la decisión de dirigir una película sobre la vida de Louie. Llegó a un acuerdo con los estudios Universal, los hermanos Coen colaboraron en el guión, y el actor británico Jack O'Connell aceptó interpretar el papel protagonista. Louie fue contratado como consultor de la película: «En definitiva, transmite un mensaje que, ahora más que nunca, todos necesitamos: la trayectoria desde las tinieblas hasta encontrar la luz».

Louie estaba ansioso por ver la película, cuyo estreno estaba previsto para el día de Navidad de 2014, pero a finales de mayo de ese año enfermó de neumonía. Noventa y cinco años antes, la misma enfermedad había hecho que sus padres cruzaran el país para intentar salvar las vidas de Louie y de Pete. Ambos hermanos habían prosperado en

California. Ahora Louie peleaba la última batalla de su vida. Luchó durante cuarenta días antes de morir pacíficamente durante el sueño, el 2 de julio, en su casa de Hollywood Hills.

Tras su muerte recibió todo tipo de honores y homenajes. El alcalde de Torrance ordenó que todas las banderas de la ciudad ondeasen a media asta durante una semana de duelo en honor a Tornado Torrance. El 13 de julio de 2014 se celebró un funeral privado en memoria de Louis Silvie Zamperini en la Iglesia Presbiteriana de Hollywood. Dos semanas después, se celebró una ceremonia pública en su memoria en el colegio Torrance.

La ciudad le nombro hijo predilecto. Más de dos mil personas acudieron para honrar a Louie en el estadio escolar que llevaba su nombre. Los miembros del equipo de carrera en pista del colegio corrieron una vuelta simbólica en su honor, y aviones de la época de la segunda guerra mundial sobrevolaron la ceremonia en formación de homenaje a los caídos. Se derramaron lágrimas, pero en su mayor parte no fue una ceremonia triste. «Vivió noventa y siete años de una vida bien vivida. Lloramos su ausencia, pero también celebramos su vida», dijo el hijo de Louie a un reportero local.

Mientras se enterraba a Louie, la película Inquebrantable seguía el proceso de posproducción y edición final para su estreno cinco meses después. Louie Zamperini viviría de nuevo en la gran pantalla, inspirando a una nueva generación con un último capítulo de su asombrosa, inverosímil y victoriosa historia.

Barnard, Bonnie Mae. *Old Torrance, Olmsted Districts*. Charleston, SC: Arcadia, 2006.

Boyington, Gregory «Pappy». *Baa Baa Black Sheep*. Nueva York: Bantam Books, 1977.

Brown, Daniel James. *The Boys in the Boat: Nine Americans and Their Epic Quest for Gold at the 1936 Berlin Olympics*. Nueva York: Viking, 2013.

Hillenbrand, Laura. *Invencible: Supervivencia, coraje, redención*. Barcelona, Aguilar 2014.

Hymans, Richard. The History of the United States Olympic Trials—Track & Field. N.p.: USA Track & Field, 2008.

Kiell, Paul J. *American Miler: The Life and Times of Glenn Cunningham*. Halcottsville, NY: Breakaway Books, 2006.

Lobb, Charles; prólogo de Louis Zamperini. *Torrance Airport*. San Francisco: Arcadia, 2006.

Wade, Tom Henling. *Prisoner of the Japanese: From Changi to Tokyo*. Kenthurst, NSW, Aust.: Kangaroo Press, 1994.

Zamperini, Louis. «Louis S. Zamperini 1936 Olympic Games Track & Field». Entrevistado por George A. Hodak. Los Ángeles: Asociación atlética amateur de Los Ángeles, 1988.

Zamperini, Louis, con David Rensin. *Devil at My Heels: A Heroic Olympian's Astonishing Story*

of Survival as a Japanese POW in World War II.
Nueva York: Perennial, 2003.

Zamperini, Louis, con Helen Itria. *Devil at My Heels:
The Story of Louis Zamperini.* Nueva York: Dutton,
1956.

También se consultaron los archivos de los periódicos *Los Angeles Times, New York Times* y *Torrance
Herald.*

Películas

The Great Zamperini. CBS Sports, 1998.

Zamperini: Still Carrying the Torch. Asociación evangelística Billy Graham, 1992.

Janet y Geoff Benge forman un equipo de autores con una experiencia de más de quince años. Janet fue maestra de escuela primaria. Geoff es licenciado en historia. Ambos son naturales de Nueva Zelanda y prestaron diez años de servicio a Juventud con una Misión. Tienen dos hijas, Laura y Shannon, y un hijo adoptivo, Lito. Residen cerca de Orlando, Florida.